Hurra, wir leben länger!

Silke Schwinger / Wilfried Scheib

Hurra, wir leben länger!

Ein Lifestyle-Buch

Orac
Wien • München • Zürich

*Ein Verlag
im Hause Bertelsmann*

ISBN 3-7015-0401-6

Schutzumschlaggestaltung: Zembsch' Werkstatt, München
unter Verwendung eines Fotos der Image Bank, Wien
Lektorat: Ilse Walter
Satz: Zehetner Ges. m. b. H., A-2105 Oberrohrbach
Druck und Bindung: Wiener Verlag, Himberg bei Wien

Gedruckt auf chlorfrei gebleichtem Papier

Inhalt

Vorwort

Hurra, sie leben länger!
Und nicht nur das: Die neue Generation der Alten wird anders sein, wird nicht mehr den Vorstellungen entsprechen, die wir uns heute von ihr machen: Die „neuen Alten" sind keine trübsinnigen Parkbankhocker, Sparstrumpfknüpfer und Werbefahrtenschafe: sie entdecken die Gelassenheit, haben Zeit – zum Sinnieren, um mit anderen zu reden, andere zu lieben: „Alt" wird zum Synonym für Freizeit, Spaß und Souveränität. Kreativkurse, Meditationsrunden, all die Dinge, die wir Jungen uns aus Zeitmangel nur in kleinen Dosen, zum Ausgleich sozusagen, gönnen können, stehen der neuen Generation der Alten offen – und nichts wird sie hindern, diese Angebote auch zu nutzen.
Vielleicht aber interessiert die neuen Alten gar nicht das, was uns Jungen attraktiv scheint, vielleicht wollen sie sich nicht mehr anpassen an eine (Werbe-)Welt, die suggeriert, das Leben ende mit 49, vielleicht pfeifen sie auf unser Sozialverständnis, das schon den Sechzigjährigen nahelegt, sich rechtzeitig um einen Platz im Altersheim zu kümmern.
Die neuen Alten werden das Ruder für sich übernehmen, auch für jene unter ihren Altersgenossen, die in punkto Aktivität nicht mehr so gut mithalten können, aber dennoch dank neuer Formen des Miteinanders das Leben bis zuletzt genießen. Und schließlich wird sich die Klas-

sifizierung in „alte Menschen“ und „junge Menschen“ erübrigen: Dann nämlich, wenn nicht mehr die Leistungsfähigkeit das Maß aller Dinge ist, wenn die Erkenntnis Platz greift, daß sich mit dem Alter nur die Lebensformen und Werthaltungen ändern, nicht jedoch die Lebenslust.

Kurt Farasin

37 Jahre, ORF-Ressortleiter Familie und Sendeverantwortlicher für den wöchentlichen „Seniorenclub“, der seit 30 Jahren einzigen Seniorensendung im deutschsprachigen Raum

Hurra, wir werden älter!

Dieses „Hurra“ gilt der medizinischen Entwicklung, die uns länger und gesünder leben läßt als je eine Generation zuvor.
Aber in Wirklichkeit werden wir jünger. Eine Korrektur der Jahre nach unten ist angesagt. Die heute Vierzigjährigen fühlen sich wie dreißig, die Fünfzigjährigen wie vierzig. Und fünfundsechzig, früher die Schwelle ins graue Alter, wo man nostalgisch zurücksah, ist heute der Beginn des zweiten Lebens, eines besseren Lebens und ein Aufbruch in die große Freiheit.

> Es ist wie beim Eislaufen: Die anstrengenden Pflichtübungen hat man hinter sich, nun kommt die Kür. Begleitet von der Lieblingsmusik, offen für jeden phantasievollen Einfall!

Der Trend, jünger auszusehen und sich jünger zu fühlen, hat nichts mit Jugendlichkeitswahn zu tun. Ganz im Gegenteil: Heute muß man nicht mehr verschämt seinen fünfzigsten Geburtstag verschweigen, es gibt nicht mehr diesen vornehm getarnten, aber an sich beleidigenden Begriff des vorigen Jahrhunderts von der Frau „entre deux âges“ – zwischen zwei Altern –, was nur eine Umschreibung für jenseits vom Leben, der Liebe und

der weiblichen Lust war. Heute ist man fünfzig, fünfundfünfzig oder sechzig und stolz darauf.
Die ersten, die uns das vorexerzierten, waren berühmte Stars. Ein Paul Newman wurde mit siebzig von den Amerikanerinnen als der Schauspieler mit dem größten Sex-Appeal gewählt, Sean Connery mit fünfundsechzig zum aufregendsten Mann der Filmszene. Mick Jagger bringt auch als mehrfacher Großvater seine Fans zu wilden Ausbrüchen, Cher ist über fünfzig und noch immer eine der schönsten Frauen der Leinwand, Barbra Streisand entschloß sich mit dreiundfünfzig, wieder auf Konzerttournee zu gehen, und die Tickets dafür waren binnen einer Stunde ausverkauft. Und Großmutter Tina Turner bringt noch immer mehr Erotik auf die Bühne als jeder Jungstar der Rockszene.
Natürlich würden wir uns alle gern Einstein, Gandhi oder Mutter Teresa zum Vorbild nehmen – übrigens alle drei auch bis ins Alter höchst aktiv –, aber gestehen wir uns die Wahrheit ein: Die Idole der Leinwand sind für unsere Sehnsüchte und Wünsche doch unschlagbar! Wenn ein Sean Connery mit ergrauter Halbglatze noch jede Frau erobert, kann sich auch der Normalbürger getrost die Ausgabe für ein Toupet sparen.

Mit fünfzig beginnt die große Freiheit – auch in der Familie

Die große Freiheit, das Golden Age, beginnt um die Fünfzig. Wie bei einer Bergbesteigung hat man das steilste Stück hinter sich und sieht bereits den Gipfel

im Sonnenschein. Auf dem Weg hierher hat man sich selbst gefunden, man weiß, wer man ist, wie man ist, und hat genügend Selbstbewußtsein, das auch zu vertreten.
Auch was das Familienleben betrifft, kommt jetzt die beste Zeit. Die Kinder sind erwachsen, vielleicht schon aus dem Haus, und endlich kann man das sein, was der Mensch von Natur aus ist: ein Egoist! Vorbei die Jahre, wo man gluckend und sorgend den Nachwuchs aufzog. Was hat man nicht alles tapfer durchgestanden! Die ersten Zähne mit den durchwachten Nächten, die Masern, die Röteln und die Feuchtblattern. Die Urlaubsreisen im Familienauto, bei denen ein Kind schon fünf Minuten nach der Abfahrt fragt: „Sind wir bald da?" – und diese Frage in entnervendem Zehnminutenrhythmus wiederholt, während das andere auf der Rückbank seinen gesamten Mageninhalt von sich gibt.
Der Schulstreß, der – jetzt, im nachhinein, wissen wir es – ein von den Eltern selbstgemachter ist, weil er ihnen von der Umwelt und den Lehrern eingeredet wurde. Die Hausaufgaben, die selbst Eltern, die in den 68er Jahren mit dem Ruf „Peace" Sitzstreiks organisierten, zu keifenden Gefängniswärtern machten: „Was ist mit deiner Matheaufgabe? Warum hast du sie nicht gemacht? – Du gehst nicht aus dem Haus, bevor du diese verdammten Beispiele nicht gerechnet hast!"
Und erst die Elternsprechtage, wo man als aufrechter Mensch vor die Lehrer trat und als kleines, häßliches Nichts nach Hause wankte, weil sie einem mitteilten, das wunderbare, liebenswerte und gescheite Kind sei ein

fauler, frecher Fratz, der es nie im Leben zu etwas bringen würde.
Alles überstanden, alles vorbei! Die Hierarchie von oben und unten ist verschwunden. Die Kinder, denen man immer Freund sein wollte, werden nun, da sie erwachsen sind, zu wirklichen Freunden. Ja, es ist schade, daß sie einen gerade jetzt verlassen, aber wirkliche Freundschaft funktioniert auch auf Distanz.
Und plötzlich hat man mehr Raum. Ganz praktisch gesehen in der Wohnung, wo nun ein oder zwei Zimmer dazukommen. Zugegeben, die erste Zeit ist schwer. Da ist das Bett, das noch immer frisch überzogen auf eine eventuelle Rückkehr wartet, ein paar vergessene Poster an den Wänden, im Bücherregal die Kinderbücher, aus denen man so viele Abende lang vorgelesen hat. Aber:

Wir sind keine Museumswärter, also hören wir auf, wehmütig die Erinnerungsstücke des Nestflüchtlings zu betrachten! Schluß damit, und auf zu einem neuen Anfang!

Wie lange hat man sich als Frau ein eigenes Zimmer gewünscht – jetzt ist es da! Seit Jahren schon hat der Herr des Hauses einen Platz für seine Platten-, Briefmarken- oder sonstige Sammlung gesucht. Nun hat jeder seine eigene kleine Fluchtburg. Und für ein Zusammenleben zwischen nunmehr nur mehr zwei Menschen gibt es nichts Wichtigeres als persönlichen Freiraum, auch wenn dieser nur ein paar Quadratmeter beträgt.

Es ist ein Schritt in die Selbständigkeit, den Eltern nun tun. Ein Abschied von dem idyllischen Familienbild, das wir jahrelang als Fotos in die Alben geklebt und als Weihnachtsgrüße an die Verwandten geschickt haben. Aber auch wenn wir wissen, daß nun vor uns die Freiheit des eigenen Lebens steht – Abschiede sind immer schwer . . .

Sein Kind loslassen können

Die Wiener Psychologin und Psychotherapeutin Dr. Gerlinde Ortner gibt für diese Zäsur im Leben hilfreiche Tips. Sie schreibt:
Wie leicht oder wie schwer es fällt, sein Kind loszulassen, hängt von mehreren Faktoren ab:

- Vom Grad der Bindung an das Kind und des guten Einvernehmens.
- Vom Vertrauen in die Selbständigkeit des Kindes.
- Vom Selbstwertgefühl (sich nicht nur in der Mutterrolle, sondern auch in anderen Bereichen beruflich und/oder privat bestätigt fühlen zu können).
- Von Selbstsicherheit, von allgemein bestehenden Trennungs- oder anderen Ängsten.
- Von der Freizeitgestaltung, von Interessen und Aktivitäten.
- Von der Qualität der Partnerschaft. (Wie weit ist durch die Aufgabe „Kind“ das Aneinander-Vorbeileben der beiden Partner nicht wahrgenommen und rechtzeitig verändert worden?)
- Wie abrupt sich der Lösungsprozeß vollzogen hat beziehungsweise vollzieht.

- Wie flexibel und geübt man ist, sich auf eine neue, ungewohnte Situation rasch um- und einzustellen.
- Ob es sich um das einzige, das erste oder letzte Kind handelt.

Wege, mit der seelischen Belastung fertig zu werden

Wenn ein oder mehrere dieser Fakten bei Ihnen dazu führen, daß Sie mit der veränderten Situation schwer zurechtkommen, dann sollten Sie möglichst rasch zur Selbsthilfe greifen. Ein zu lang anhaltender Trennungsschmerz beeinträchtigt nicht nur Ihren Allgemeinzustand, er führt auch oft dazu, daß das Kind die Besuche zu Hause belastend erlebt und sie mehr und mehr zu vermeiden versucht. Es ist daher erforderlich, die Einstellung zu ändern und sich folgendem Training zu unterziehen:

- Bejahen Sie zuerst Ihr Empfinden und begründen Sie es. Konkretisieren Sie Ihre Gefühle. Erkennen Sie, daß Ihre Seelenvorgänge sehr oft das logische Ergebnis positiver Persönlichkeitsmerkmale sind (zum Beispiel bindungs- und beziehungsfähig, empfindsam, das Zusammenleben mit jungen Menschen schätzen und genießen können).
- Durch diese Überlegungen verhindern Sie, daß Sie sich weiter in Ihr negatives Empfinden hineinsteigern oder daß Sie sich wegen Ihrer Gefühlsregungen in Frage stellen.
- Nun erforschen Sie, welche der genannten (oder an-

dere) Fakten zu Ihrer seelischen Belastung führen. Hinterfragen Sie diese und versuchen Sie, Ressourcen zu wecken, Möglichkeiten zu suchen, um eventuelle Bedürfnislücken mit neuen Inhalten zu füllen oder ein positives Gegengewicht zu finden. Lernen Sie, Ihre Fähigkeiten zu schätzen, sich zu verwöhnen, freudige Akzente zu setzen und Interessen zu fördern.

- Stellen Sie sich danach auf Ihr Kind ein. Gehen Sie von der Zuneigung, von der Liebe zu Ihrem Kind aus. Präzisieren Sie genau, was Sie ihm wünschen, welche Lebensform, welche Lebensqualität Sie dem Sohn, der Tochter gönnen. Überlegen Sie genau, welche Hürden das Kind dabei zu nehmen lernen muß, welche Voraussetzungen dazu notwendig sind, wie zum Beispiel, eigene Erfahrungen – auch schmerzliche – machen zu müssen, einen eigenen Lebensstil entwikkeln können, um Eigenständigkeit zu erwerben und Entscheidungen zu treffen.

> Nach konventionellen Vorstellungen sollten jetzt die allein gebliebenen Eltern zusammenrücken, nebeneinander auf einem Bänkchen sitzen wie Philemon und Baucis, friedlich in die Sonne blinzeln und der vergangenen Tage gedenken.
> Blinklicht, Warnung, alle Sirenen auf volle Lautstärke drehen! Nur das nicht!

Leben ist Bewegung und Sitzen das Gegenteil! Mehr Raum bedeutet auch mehr Raum für die Entfaltung der

persönlichen Freiheit. Jetzt ist es Zeit dafür. Zeit, sich neue Hobbys zu suchen, Zeit für neue Freunde, Zeit, sich selbst zu verwöhnen und wohl zu fühlen.
Sich zu verwöhnen – vor allem Frauen haben damit manchmal ihre Schwierigkeiten. Vor allem diejenigen, die als Hausfrau und Mutter – egal, ob auch noch berufstätig oder nicht – am perfektesten waren. Alles klappte wie am Schnürchen – und dahinter steckte nicht nur viel Arbeit, sondern der ganze Einsatz ihrer Persönlichkeit. Sie haben das Gefühl, den Boden unter den Füßen zu verlieren, wenn die Familie durch den Auszug der Kinder kleiner wird.
„Ich werde nicht mehr gebraucht" – das ist der Satz, den man dann hört. Kein Grund zur Verzweiflung, sondern ein Grund zur Freude! Die anstrengende Zeit, wo man immer nur für andere da war, ist vorbei. Jetzt kann man sich endlich selber brauchen – und das sollte man genauso ernst nehmen wie die bedingungslose Betreuung seiner Lieben in den Jahren bisher.
Begehen Sie als Frau nur nicht den Fehler, all Ihre Mütterlichkeit nun auf den Ehemann zu konzentrieren. Und begehen Sie als Mann nicht den Fehler, als verlassenes Oberhaupt eines Clans nun Ihre ganze Herrschaft auf eine Person zu konzentrieren: Ihre Ehefrau. Beides funktioniert nicht und führt zu Frustration im Doppelpack.

Wir gehören wieder uns selbst!

Sie sind fünfzig und frei – so frei, wie Sie es nur in Ihrer

Jugend waren. Mit dem Unterschied, daß Sie jetzt Ihre Existenzgründung hinter sich haben, daß Sie nicht mehr einer ganzen Familie verpflichtet sind, sondern nur sich selbst – das erste Mal seit zwanzig, fünfundzwanzig Jahren.

Kann sein, daß wir das im letzten Drittel unseres Lebens verlernt haben. Ja, wir haben die Rollen gut – und gerne – gespielt, die von der Regie von uns verlangt wurden: Allzeit bereit sein für die Bedürfnisse der Kinder, die eigenen Wünsche zurückstellen.

Laut einer Studie der ORF-Medien-Forschung der Werbeagentur Grey verändern sich die Werte im Golden Age, der Zeit unserer neuen Freiheit, von früher auf heute wesentlich:

Früher	**Heute**
Familie	Selbstverwirklichung
Verzicht	Luxus
Arbeit	Freizeit
Moral	Vergnügen
Pflicht	Lust

In dieser Studie werden die „Golden Fifties“ auch als Emanzipation einer pflichtbewußten Generation angesprochen.

Früher hieß es: „Meine Kinder sollen es besser haben!“

Heute: „Jetzt bin ich dran!“

Vom Dienen zu einem aufgestauten Nachholbedarf und neuem Selbstbewußtsein!

Auch von verpaßter Jugend ist in dieser Untersuchung die Rede. Pflicht statt Lust war in jenen Jahren angesagt: Fleiß, Leistung, Sparsamkeit, harte Arbeit, Bescheidenheit, Streben nach Sicherheit und Verantwortungsbewußtsein.
Das alles war also die Pflicht, die von unseren Kindern und von unserer Umgebung gut benotet wurde. Nun sind wir bei der Kür – wir tanzen unseren eigenen Tanz. Falls wir die Leichtigkeit der Schritte verlernt haben – kein Problem! Wir sind jung, erst fünfzig oder sechzig Jahre alt – wir können ganz von vorn beginnen!

Lernen Sie „Nein!" zu sagen

Die wichtigste Voraussetzung dafür ist, sich nicht von alten Abhängigkeiten in neue zu begeben. Falls Sie das Wörtchen „Nein!" aus Ihrem Sprachschatz gestrichen haben, ist jetzt die Zeit, es wieder neu zu lernen.
„Nein!" ist überhaupt das wichtigste Wort für den künftigen, den schönsten Teil unseres Lebens. Denken wir doch daran, wie strikt und klar Kleinkinder dieses Nein sagen können. Zu allem, was ihnen nicht paßt, was ihnen von der Umgebung aufoktroyiert wird. Nehmen wir uns im Golden Age ein Beispiel an dieser Klarheit der Willensäußerung.
Nein zu allen Dingen, mit denen man uns belasten und ausnützen will. Denn sobald ein Paar nicht mehr Brutpflege betreibt oder gar in Pension ist, scheint es plötzlich, daß die gesamte Umgebung, Verwandte, Freunde, Nachbarn, nur einen Gedanken hat, von dem sie alle

noch dazu überzeugt sind, er sei höchst menschlich und sozial: Man muß doch für die armen Leutchen eine Aufgabe finden, damit sie sich „gebraucht“ vorkommen! Und brauchbar sind sie für Hunderte kleine Dienste – Babysitten, Blumengießen, Wohnung hüten, Goldfische füttern. Besonders Singles in mittleren Jahren können sich der vielen „menschenfreundlichen“ Angebote dieser Art kaum erwehren.

Sagen Sie „Nein!“ – und zwar gleich bei den ersten Anfragen dieser Art. Später wird es dann schwieriger – nach dem kleinen Finger wird die ganze Hand verlangt, und schon ist man wieder in der Tretmühle der Pflichterfüllung für andere.

Ab jetzt geht es um uns selbst!

Sagen Sie „Ja“ zu allen Dingen, die Ihnen Spaß machen – wenn dazu Babysitten, Blumengießen und Goldfische füttern gehört, ist es in Ordnung. Selbstverständlich werden Sie weiter für Ihre Kinder dasein, wenn Krisen auftauchen. Sie werden ihnen – soweit es Ihren eigenen Lebensplan nicht beeinträchtigt – bei der Betreuung der Enkelkinder helfen. Betreuung – nicht Erziehung! Das haben Sie hinter sich, nun sind Ihre eigenen Kinder dafür zuständig.

Und sollte die Ehe oder die Partnerschaft Ihrer Kinder auseinandergehen, so mag das eine Katastrophe für die Betroffenen sein – aber es ist nicht Ihre! Sie müssen sich weder dafür verantwortlich noch schuldig fühlen, Sie sollten auch nicht Partei ergreifen und wie Kaiser Nero für den einen der Gladiatoren den Daumen nach unten halten. Bleiben Sie außerhalb der Arena – mitfühlend, aber nicht mitverurteilend. Eine einzige Funktion ist wichtig, wie Dr. Gerlinde Ortner rät: Als Großeltern Bindeglied und Brücke zwischen den beiden Familien zu bleiben!

Die eigenen Interessen haben Vorrang

Vorrangig aber sollen und dürfen jetzt die eigenen Interessen sein. Lassen wir uns nicht das alte Klischee aufladen, daß Alter gütig, hilfsbereit und weise zu sein hat! Das war für unsere Vorfahren notwendig, um in den Großfamilien zu überleben. Nur wenn sie ihren Teil zur Arbeit beitrugen, hatten sie ihr Recht auf einen Platz am Tisch. Heute können wir uns selbst erhalten. Wir müssen nicht mehr dienen, um die Schüssel gefüllt zu bekommen, wir müssen nicht mehr geben, um geduldet zu werden.

Nun mögen Sie einwenden, daß diese Haltung Streit hervorruft. Wunderbar! Wer aufhört sich zu wehren, zu streiten, aggressiv zu sein, der hat alles aufgegeben, was Lebenswillen ausmacht. Wir sind die Protestgeneration, wir sind jene, die in unserer Jugend Protestmärsche und Sitzstreiks organisiert und mitgemacht haben gegen alles, was uns damals falsch und unrecht erschien.

Wir sind die Generation, die Che Guevara und Martin Luther King auf ihre Fahnen geschrieben hatte, wir haben für antiautoritäre Kindergärten und die Erhaltung der Hainburger Au gekämpft. Und wir, ausgerechnet

wir, sollten jetzt still und leise Auseinandersetzungen aus dem Weg gehen? Niemals!
Ich kenne eine flotte Fünfzigerin, die gegen die Haltung von Batteriehühnern protestierte. Sie kaufte einer dieser schrecklichen Legebatterien ein paar Dutzend Hühner ab, fuhr mit ihnen zum zuständigen Minister und führte dem peinlich berührten Politiker die federlosen Geschöpfe vor. Sodann machte sie sich auf den Weg zu einem Biobauernhof, wo sie die Hühner in eine glückliche Freiheit entließ. Auf dem Weg dorthin hängte sie noch locker ein Gendarmerieauto ab, das sie verfolgte.
Protestaktionen sind kein Vorrecht der Jugend, streitbar Unrecht zu bekämpfen ist an kein Alter gebunden. Und der Einsatz lohnt sich – nicht nur der Sache wegen, für die man kämpft, sondern auch für einen selbst.

Engagement hält jung!

Auch zwischen Ehepaaren ist durchaus eine liebevolle Streitkultur zu empfehlen. Denn Auseinandersetzung bedeutet Gespräch und Kommunikation. Nichts ist schlimmer als eine schweigsame Partnerschaft, in der als höchster Ausbruch der Redseligkeit gerade noch ein „guten Morgen“ und „gute Nacht“ gewünscht wird. Und wie herrlich entspannt kann man doch streiten, wenn man sich schon lange kennt! Im Gegensatz zu den ersten stürmischen Jahren weiß man um die Grenzen, überschreitet sie aus liebevoller Vernunft nicht mehr und hat gelernt, die Diskussion im richtigen Moment zu beenden. Es ist ein wenig so wie eine Hundebalgerei –

Knurren, gesträubtes Fell, ein wenig die Zähne gezeigt, und danach geht jeder zufrieden seines Weges, im Bewußtsein, nichts von seiner eigenen Stärke verloren zu haben.

Wenn man im Golden Age allein ist: Nur Mut!

Ist man im Golden Age allein, weil der Partner aus irgendeinem Grund abhanden gekommen ist, hat man ein Stück Mehrarbeit in die große Freiheit zu leisten.
Mag die verflossene Partnerschaft auch anstrengend oder vielleicht sogar ärgerlich gewesen sein – ein gewisses Maß an Bequemlichkeit hat sie doch geboten. Es ist leicht, stark sein, wenn man neben sich jemanden hat, an dem man sich anhalten kann – ein Zirkusartist hoch in der Kuppel der Manege geht unbeschwerter über sein Seil, wenn er weiß, unter ihm ist ein Netz. Plötzlich ein Single geworden zu sein bedeutet, daß das Netz verschwunden ist. Die ersten Schritte sind zögernd, aber hat man die erst gewagt, dann weiß man: Ich kann allein gehen, ich kann einen Fuß vor den anderen setzen, und ich halte die Balance!
Er/sie hat immer alles organisiert? Organisation kann man lernen! Urlaubsreisen, Theaterbesuche allein sind schrecklich? Ganz im Gegenteil! Hier ist die Gelegenheit, andere, neue Menschen zu treffen – man muß nur auf sie zugehen, Gespräche beginnen, und plötzlich eröffnet sich eine ganz neue Welt. Eine Welt, in der man nicht mehr die Hälfte eines anderen, sondern selbst der Mittelpunkt ist. Man muß nur Antennen ausfahren, und

plötzlich empfängt man unendlich viele, verschiedene Programme!

Der Schritt in den Ruhestand

Das ist jetzt auch die Zeit, wo eine wesentliche Änderung in Ihrem Leben eintreten wird – oder schon eingetreten ist: die Pension, der Ruhestand.
Vielleicht haben Sie bei sich selbst oder bei anderen schon ein damit zusammenhängendes merkwürdiges Phänomen beobachtet: Je ferner dieser Punkt ist, desto mehr freut man sich darauf. Haben Sie nicht schon manchmal Mitte Vierzig, jedesmal wenn Sie sich über Ihren Chef oder den Job geärgert haben, mit Sehnsucht an Ihren letzten Arbeitstag gedacht? Vielleicht auch mit etwas vorauseilender Schadenfreude – „die in der Firma werden dann schon sehen, was sie an mir hatten . . .“
Sind es dann nur mehr wenige Jahre bis dahin, beginnt man Pläne zu machen. Was wird man nicht alles mit der freien Zeit anfangen! Endlich reisen, wann man und so lange man will, alle Kurse besuchen, alles das lernen, wozu bisher keine Zeit war, endlich frei sein!
„Mir wird die Arbeit bestimmt nicht abgehen“, sagt man da. Und dann, eigentlich plötzlich, auch wenn man sich das Datum genau ausgerechnet hat, ist der ersehnte Tag da – es gibt ein paar Feiern, ein paar Reden, Geschenke. Endlich ausschlafen, endlich nicht mehr im Morgengrauen frühstücken, die Uhr bestimmt nicht mehr unser Leben, wir bestimmen unsere Zeit.

Aber irgendwann, nach ein paar Wochen oder Monaten, kommt er doch, der Pensionsschock, den wir bei allen anderen, nur nicht bei uns selbst erwartet hätten. Er kann gelinder oder heftiger ausfallen, von einfach schlechter Laune bis hin zu Depressionen führen. Wobei Frauen wesentlich seltener darunter leiden als Männer. Sie hatten ja schon immer zwei Berufe – den eigentlichen und den der Hausarbeit. Daß jetzt die Doppelbelastung wegfällt, empfinden sie als wirkliche Erleichterung.
Für Männer ist es dann schwieriger, wenn ihre Partnerin noch voll im Berufsleben steht. Kevin allein zu Haus – aber sie sind keine kleinen Jungen mehr, die dabei aufregende Abenteuer erleben, sie sind plötzlich grüne Witwer, die alle Frustrationen erleben, die sonst nur Hausfrauen kennen, die den ganzen Tag allein in der Wohnung sind. Mit dem Unterschied, daß nur wenige Männer – speziell jene unserer Generation – es gelernt haben, mit dieser Situation umzugehen. Wohnungsputz, einkaufen, auf die von der Arbeit heimkehrende Ehefrau warten, ausgeruht und unternehmungslustig Abendunterhaltungen planen, für die sie zu müde ist. Unzufriedenheit und beidseitiger Frust ist die Folge.
Ich habe eine Freundin, die in dieser Situation resignierte und in Frühpension ging, obwohl sie ihren Job liebte. Opfer zu bringen ist leider nun einmal eine ausgeprägt weibliche Eigenschaft. Aber so weit sollte es der frischgebackene Pensionist nicht kommen lassen.

Lernen Sie Neues, oder geben Sie Ihr Wissen weiter!

Der Kurs in der Volkshochschule einmal in der Woche ist Ihnen zuwenig und füllt Ihre viele freie Zeit nicht aus? Dann beginnen Sie ein Seniorenstudium! Hier werden Sie gefordert, hier haben Sie Erfolgserlebnisse und nach Abschluß vielleicht sogar den Beruf, den Sie eigentlich schon immer haben wollten!
Eine Bekannte, pensionierte Lehrerin, studierte Psychologie und arbeitet heute als freiberufliche Therapeutin, die speziell ältere Menschen betreut. Sie hat großen Erfolg, denn sie kennt die Probleme, von denen ihre Klienten sprechen.
Es gibt Organisationen, die bereits pensionierte Fachkräfte an junge Unternehmen für den Managementbereich oder auch für Handwerksbetriebe vermitteln, die dort ihr Wissen weitergeben. Eine Idee, die für beide Seiten höchst zufriedenstellend verläuft!
In Österreich ist die Initiative „Rent a Rentner" damit sehr erfolgreich. Sie stellt die Verbindung zwischen Senior-Managern zum Know-how-Transfer an Jungunternehmer her – und ist seit einigen Monaten auch im Internet präsent. Der Zustrom war sofort enorm! Innerhalb weniger Tage haben sich weit über hundert Jungunternehmer und ehemalige Führungskräfte in die Internet-Kartei eingetragen. Erstaunlich daran ist, daß bei dieser Aktion nicht etwa pensionierte Fachleute, die ihr Wissen und ihre Arbeit anbieten, in der Überzahl sind, sondern die jungen Unternehmen, die erfahrene Berater suchen.

Wer sagt also, daß keiner mehr von uns etwas wissen, von uns etwas lernen will? Ganz im Gegenteil! Die Jungen reißen sich darum, von unseren Erfahrungen zu profitieren, und wollen nicht, daß der Schatz unseres Wissens brachliegt.
Interessant übrigens, daß bei dieser Rent-a-Rentner-Initiative festgestellt wurde, daß die meisten Senioren, die sich dazu gemeldet haben, von ihren Ehefrauen dazu motiviert wurden! Daß Frauen wacher und aufmerksamer am Wirtschaftsgeschehen teilnehmen, wäre die feministische These dieses Punktes – daß Frauen ihre pensionierten Ehemänner für ein paar Stunden in der Woche aus dem Haus haben wollen, die unfreundliche. Einigen wir uns darauf, daß es eine Mischung von beidem ist.

> Reden wir nicht von Pensionsschock, sondern von Pensionsfreude!

Den „jungen Alten" stehen viele Wege offen!

Wir haben in unserem Alter viele Ziele erreicht – am Ziel sind wir noch lange nicht. Unendlich viele Wege stehen uns offen!
Die Soziologen, die sich in den letzten Jahren intensiv mit dem Phänomen der „jungen Alten" beschäftigt haben, haben viele verschiedene Namen für uns gesucht. „Dispos" ist einer davon – weil wir die Generation sind, die alles bestens disponiert hat: Bausparverträge, Erlebensversicherungen, Privatpensionen. Aber „Dispos"

klingt für mich nach „Dinos“, und Dinosaurier – Urzeittiere, die sich den Veränderungen der Erde nicht anpassen konnten – sind wir sicher nicht!
„Selpies“ – Second Live People – oder „Woopies“ – well-off older people – ist zwar immer noch besser als „Uhus“ – unter Hundert –, aber auch nicht so ganz der Name, auf den wir abfahren könnten.
Keine Bezeichnung dagegen erscheint mir so passend wie jene, die von der Werbeagentur Grey geprägt wurde: die Beweglichen! Beweglich in geistiger, körperlicher und auch konsumorienter Beziehung.

Laßt uns das zum Motto des Golden Age machen: Beweglichkeit!

Sie

Eine Tante – es war übrigens eine meines Mannes – sagte mir bei unserer Hochzeit: „Und wenn es in den ersten stürmischen Ehejahren Streit gibt, mach dir nichts draus – im Alter werden alle friedlich!“
Selten habe ich eine größere Unwahrheit gehört als diese. Sie kann mir diese fromme Lüge nicht erzählt haben, um mich von einem „Nein“ bei der Trauung abzuhalten – das Gespräch fand erst nachher beim Hochzeitsessen statt. Vielleicht hatte sie ein wenig zuviel getrunken, vielleicht war der Satz auch nur eine höfliche Draufgabe auf die blaue Vase, die sie uns mitgebracht hatte und die nachher beim Abtransport der Geschenke schon wieder verschwunden war.
Jedenfalls, friedlich sind wir nicht geworden. Einige der Streitthemen sind gleichgeblieben, und wir hegen sie wie liebe Gewohnheiten, neue sind dazugekommen, und ich bin sicher, das Reservoir ist noch lange nicht erschöpft!
Natürlich streiten wir anders als in früheren Jahren. Da flog schon mal Geschirr durch die Gegend – aber seit ich draufgekommen bin, daß das Versprechen des Verkäufers, man könne von diesem Service jederzeit alles nachbestellen, ein leeres war, bin ich sparsamer mit den Tellern geworden.
Und ich packe auch nicht mehr gleich den Koffer, um auszuziehen. Ich bin nicht mehr jung genug, um mit einer Jeans und zwei T-Shirts auszukommen, und das Wetter ist meistens auch so unzuverlässig! Soll man

Winter- oder Sommersachen mitnehmen? – Übrigens, ich bin auch früher nie wirklich ausgezogen. Es kam immer irgendwas dazwischen. Entweder fand ich die Hundeleine für den Spaniel nicht oder die Haustürschlüssel, und mein Mann lachte sich schief. Und einen lachenden Mann verläßt man nicht. Da hätte man ja das unangenehme Gefühl, er genieße das Verlassenwerden!
Es gibt tausend Gründe, auch in einer langen Beziehung noch zu streiten, und sei es nur der, daß man sich selbst nicht ganz wohl fühlt, daß man seinen Berufsärger nicht auf dem Weg nach Hause abbauen konnte, weil alle Autofahrer, ausgenommen natürlich man selbst, an diesem Tag fahren wie die Vollidioten. Dann braucht man, endlich im friedlichen Heim angekommen, einfach einen Reibebaum, um seine Frustrationen loszuwerden. Und wenn der Partner darauf einsteigt: herrlich! Denn mit jemandem zu streiten, den man kennt, ist wohltuend und entspannend wie ein Bad in der Wanne. (Bei Fremden ist das mehr wie ein Sprung von Klippen in unbekanntes Gewässer – man weiß nie, wie tief oder wie seicht das Wasser unten ist.)
Dann gibt es auch noch den Unterschied zwischen akutem Streit, der plötzlich aufflammt wie ein Streichholz und genauso schnell wieder verlöscht, und dem permanenten, der einfach auf verschiedener Sichtweise der Dinge beruht.
Zum Beispiel die Hausarbeit. Wird sie aufgeteilt in männliche und weibliche Bereiche? Wobei der männliche darin besteht, das Bier aus dem Kühlschrank zu holen, und der weibliche in allem anderen. Ich habe

meinen Mann noch heute im Verdacht, daß er die Waschmaschine für einen zweiten Fernsehapparat hält – nur eben mit einem etwas eintönigen Programm!
Oder da ist dann auch noch die Sache mit den Freunden der Töchter – den männlichen selbstverständlich; die weiblichen findet er hinreißend und läuft zu einer Hochform an Charme auf. Die jungen Männer dagegen sind Angreifer, die seine Burg stürmen. Er würde vor ihnen die Zugbrücken hochklappen und heißes Pech auf sie hinunterkippen, wenn er könnte.
Paare, die von sich sagen, sie würden nie streiten, weil sie „ein Herz und eine Seele" sind, sind mir ein bißchen unheimlich. Zwei Menschen können nicht mit einem einzigen Herzen leben, und auch eine Seele reicht nicht für zwei. Du und ich – das sind zwei Menschen, die sich lieben, aber außer in den erotischen Begegnungen niemals zu einem verschmelzen sollten. Wo bliebe da die Persönlichkeit des anderen, den man schließlich einmal darum gewählt hat, weil er eben eine Persönlichkeit ist?

Er

Liebevolle Streitkultur ist etwas, das ich sehr für eine glückliche, lange Partnerschaft empfehle. Liebevoll – das heißt, daß der Partner auch weiß, wann der richtige Moment für einen Streit ist und wann der falsche. Der falsche Zeitpunkt ist zum Beispiel einer vor oder während eines Fußballmatches im Fernsehen. Oder wenn man abends schlafen möchte oder gleich morgens nach dem Aufwachen. Auch beim Essen – egal ob Frühstück, Mittag oder Abend – ist es ein schlechtes Timing. Keine Auseinandersetzungen im Bad, beim Spazierengehen, beim Autofahren, während der Arbeit und in der Freizeit! Ansonsten bin ich jederzeit für jeden vernünftigen Streit zu haben!
Vernünftig heißt, Sachthemen sachlich zu diskutieren – eine Eigenschaft, die meiner Frau manchmal abhanden kommt. Wenn sie mir vorwirft, ich betrachte die jungen Männer, die wie eine biblische Heuschreckenplage über unser friedliches Heim hergefallen sind, seit meine Töchter flügge geworden sind, mit den Augen von Jack the Ripper, dann ist das unsachlich! Ich will diese Typen keineswegs umbringen, ich will nur nicht, daß sie auf meinem Lieblingsfauteuil sitzen, mein Bier trinken und dann auch noch mit meinen Töchtern ausgehen! Und es stimmt auch nicht, daß mir keiner gut genug für die beiden wäre – ich habe nur noch keinen kennengelernt, der auch nur annähernd meinen Wünschen entspricht.
Meine Frau ist da anders – sie hat so etwas wie einen Adoptionszwang! Alles, was daherkreucht und -fleucht,

wird von ihr ans Herz gedrückt. Sie zieht aus dem Nest gefallene Taubenjungen groß, sie pflegt fremde Meerschweinchen, und aus dem Zebrafinkenpaar, das bei uns für vierzehn Tage abgegeben wurde und nach sieben Jahren immer noch bei uns lebt, sind inzwischen zwei Generationen und mehr als zehn Stück geworden. Logischerweise macht ihr Drang, unser Heim zu einem Asyl zu machen, auch vor den Freunden unserer Töchter nicht halt. Wobei ich gerechterweise dazu anmerken muß, daß ein paar von ihnen ganz passabel kochen können, den Gartenzaun repariert und meiner Frau bei Grippe Grog gebraut haben. Aber das ist nicht das Thema! Das Thema ist, daß es für einen Vater schmerzlich ist, wenn irgendwelche Typen daherkommen und ganz selbstverständlich so tun, als hätte er seine Töchter für sie aufgezogen!

Darüber streite ich aber nicht, darunter leide ich – nicht gerade stumm, aber ausgiebig. Wie ich überhaupt – und das entspricht wohl der beherrschten männlichen Natur – selten bis nie derjenige bin, der eine Auseinandersetzung beginnt. Ich glaube, daß Frauen Streit eher brauchen als wir – um ihren Kreislauf anzuregen, um ihre Emotionen in Schwung zu halten.

Und gibt es gerade kein aktuelles Thema, das sie dazu verwenden können, beweisen sie das Gedächtnis von Elefanten und graben ein uraltes aus! Wann immer meine liebe Frau sauer auf mich ist, fällt ihr prompt ein, daß ich sie vor achtzehn Jahren einmal am Muttertag allein gelassen habe, um mit Freunden nach Kopenhagen zu fahren. Dabei hat sie mir vorher jahrelang er-

klärt, daß sie Muttertage für dumm und unwichtig hält. Und als ich ihr dann eben einmal glaubte – bumm, aus, zu – ein Schlechtpunkt für den Rest meines Lebens!
Aber ich will gar nicht, daß sie friedlich und sanft wird – ich glaube, ich würde zu Tode erschrecken, wenn sie das einmal für ein paar Wochen wäre, und sie zu sämtlichen Ärzten schleppen!
Leben ist reden! So viel wie möglich miteinander, manchmal gegeneinander. Worte sind die Brücken, die uns verbinden. Verwenden wir sie nicht mehr, dann leben wir einsam, jeder allein auf einer Insel!

Liebe, Lust – und Spaß daran

Erinnern Sie sich noch an Ihr erstes Liebeserlebnis? Und jetzt ganz ehrlich – ohne romantische Nostalgie –, war es nicht ein fürchterlicher Flop? Heimlich mußte es geschehen, räumlich fand es wohl kaum in einem Himmelbett statt. Er oder sie – in meisten Fällen beide – waren unbeholfen und nervös, und nachher schwebte man nicht in den Wolken, sondern dachte: „Das also war's?" Frühe Liebe mag zwar rührend sein, aber nie so erfüllt wie die reife Leidenschaft. Da haben zwei Menschen Sex miteinander, die wissen, was sie tun und wie sie es tun müssen. Hier begegnen sich nicht mehr zwei Amateure, sondern Kenner.

Es ist wie bei einem Auto, das man schon eingefahren hat: Man weiß, welche Gänge man einlegen muß, um das gewünschte Tempo zu erreichen!

Zeit, Ruhe und auch Raum für die Liebe

Was das Schönste ist: man hat Zeit und Ruhe für die Liebe. So viel, wie man nie zuvor in seiner Partnerschaft hatte. Als die Kinder Babys waren, bestand die musikalische Begleitung zum Höhepunkt allzuoft nicht aus tausend Geigen, sondern aus einem sirenenartigen Geheul aus dem Gitterbettchen.

Als die lieben Kleinen dann laufen konnten, standen sie als nächtliche Besucher unvermittelt im Elternschlafzimmer, und die Frage: „Was macht ihr da?“ war auch nicht gerade erotisierend. Und dann die Zeit, als die Kinder größer wurden, aufgeklärt waren, ins Teenageralter kamen. So man nicht in einem Schloß mit mehreren Trakten wohnt, liegen nun einmal die Schlafzimmer der Familienmitglieder Wand an Wand. Und diese Wände sind dünn! Das waren die Jahre der geräuschlosen Liebe, man wagte kaum mehr zu flüstern, wartete, bis aus dem Zimmer der Sprößlinge kein Lichtschein mehr drang, und war trotzdem nicht sicher, ob sie nicht doch wach lagen und dachten: „Peinlich, die Alten.“

Nun aber haben wir nicht nur Ruhe, sondern auch Raum für die Liebe.

Das Schlafzimmer ist dazu ebensowenig zwingend wie die Missionarsstellung. Mag die Lust in den vergangenen Jahren durch Alltagszwänge in einen sanften Dornröschenschlaf versunken sein – nun ist genau der richtige Moment, sie wieder wachzuküssen. Und mit dem Sex ist es wie mit dem Radfahren: Hat man's einmal gelernt, kann man es immer!

Sex im Golden Age bekommt neue, wunderbare Dimensionen. Man ist frei von all den Zwängen des Anfangs einer Liebesbeziehung. Man muß nicht mehr imponieren, man kann genießen. Man hat das nötige Selbstbewußtsein, sich für nichts, weder für seine Wünsche noch für seinen Körper, zu genieren – man hat einfach Lust und Spaß an der Sache!

Und es ist keineswegs zu spät, Neues zu entdecken! Sie

haben bisher als Frau Ihren G-Punkt noch nicht gefunden? Jedes der vielen neuen Aufklärungsbücher gibt Ihnen Anleitung zur Suche. Kaufen Sie eines und machen Sie sich das Vergnügen, es zusammen mit Ihrem Partner zu lesen, für heitere Abendunterhaltung ist damit gesorgt!

Nur wer sich selbst liebt, kann auch andere lieben

Das Wichtigste dabei ist: sich und seinen Körper so anzunehmen, wie er ist. Wie heißt es so richtig: „Nur wer sich selbst liebt, kann auch andere lieben."
Schauen wir uns also in den Spiegel, sagen den berühmten Satz aus dem Film „Casablanca": „Schau mir in die Augen, Kleines" – und finden uns schön, so wie wir sind!
Ein bißchen Bauch, ein paar Falten stören da überhaupt nicht! In der Fernsehserie „Roseanne" finden wir es witzig und liebenswert, wenn Roseanne und Dan – miteinander sicher an die zweihundertfünfzig Kilo – zusammen ins Bett gehen. Also stören wir uns nicht an unseren paar Kilos zuviel! Wir müssen an keiner Schönheitskonkurrenz mehr teilnehmen, jetzt geht's einfach um die Lust!
Und wir befinden uns auch nicht mehr im Orgasmuswettbewerb diverser Erotikmagazine, die die Zahl der Orgasmen pro Nacht zu einer Art von nebenolympischem Bewerb machten. Was ist Spitze? Drei, fünf, acht, zehn? Nein, über diese Zeiten der Leistungsathletik sind

wir glücklicherweise hinaus. Spitze ist nicht der verbissene Marathon, sondern der Spaß und die Zärtlichkeit. Für Frauen ist das eigentlich gar nichts Neues – sie haben immer schon der Zärtlichkeit den Vorrang gegeben. In allen Umfragen der Sexforscher war sie ihnen wichtiger als der Vollzug. Vielleicht haben Sie bisher nicht darüber gesprochen: Den Mann zum Höhepunkt zu bringen, gehörte einfach zu den Pflichten einer idealen Partnerin – so wie die Tatsache, daß genug saubere Hemden für ihn im Schrank liegen.

Reden Sie jetzt darüber, was Sie im Bett antörnt – denn auch in der Liebe sollten die nächsten Jahre zu den genußreichsten Ihres Lebens werden!

Der Abend zu zweit

Einen Abend zu zweit mit Lachen, Blödeln und Schmusen verbringen und dann aneinandergekuschelt einzuschlafen, ist auch ein herrlich erotischer Liebesakt! Wir sind in der angenehmen Lage, einander nichts mehr beweisen zu müssen, außer unsere Zufriedenheit am Zusammensein. Denn wir wissen voneinander, wie gut wir sind, wenn wir Lust darauf haben!
Natürlich können wir den Spaß mitmachen und sogenannte liebesfördernde Speisen servieren – Austern und Spargel werden dabei sehr empfohlen, aber glauben Sie mir, Spaghetti tun's genauso! Es kommt nicht darauf an, was man serviert, sondern wie man es serviert! Kerzen-

licht, Blumen, eine Platte mit Musik, die beide mögen, das Telefon auf Anrufbeantworter stellen, die Fernbedienung für den Fernseher verschwinden lassen – und es ist fast egal, was Sie auf dem Teller haben. Fast – denn allzu opulente Diners fördern das Schlafbedürfnis und nicht die Lust!

So schön solche geplanten Liebesabende sind, planen Sie nicht immer! Wenn es erst einmal zum Ritual wird, daß Sie als Vorspiel zum Vorspiel ein Diner à deux brauchen, wird daraus nicht Lust, sondern Krampf! Bleiben Sie spontan.

Es gibt unendlich viele Gründe, mit seinem Partner ins Bett zu gehen! Ob er Zahnweh hat und damit für eine Weile davon abgelenkt wird, ob er sich grade an diesem Tag älter gefühlt hat als sonst und seine zweite Midlifecrisis erlebt hat, oder ob einfach beide an diesem Tag besonders gut drauf sind – ein Anlaß für Liebe läßt sich immer finden!

Entwickeln Sie Phantasie!

Im Gegensatz zu unseren Eltern und Großeltern, die kaum oder gar nicht aufgeklärt in ihre Partnerschaften gingen, sind wir die Generation, die mit „Make Love not War“ aufgewachsen ist. Wir haben also gelernt, wie man es macht, die Illustrierten waren voll von Tips, bei den Filmen wurde nicht mehr nach dem ersten Kuß abgeblendet, das „Kamasutra“ gab es als Taschenbuch zu kaufen. Wir haben uns also ein solides Basiswissen erworben.

Natürlich bringen es eine langjährige Partnerschaft und der dazugehörende Alltag mit sich, daß sich auch bei der Liebe eine gewisse Bequemlichkeit einstellt. Gewohnheit ersetzt Finessen. Jetzt aber ist der Zeitpunkt gekommen, es genau umgekehrt zu machen! Probieren Sie aufs neue aus, was beiden Spaß und Lust bereitet. Denken Sie nach, entwickeln Sie Phantasie, denn Sex entsteht im Kopf!

Und genau dort sind auch unsere Erinnerungen gespeichert. Was war *er* doch für ein unbeschwerter, fröhlicher Liebhaber, was für eine unheilbare Romantikerin *sie*. Ein bißchen mürrischer ist er geworden, ein wenig nüchterner sie. Aber das, was man an dem anderen liebte, ist nicht verschwunden – jetzt, wo man sich wieder ganz aufeinander konzentriert, kommt es erneut zum Vorschein. Ein wenig Geduld, gute Gespräche und Humor sind der Schlüssel dazu. Aber sagen Sie nie: „Früher warst du toller, netter, charmanter." Sagen Sie es in der Gegenwartsform, sagen Sie Ihrem Partner, daß er es heute ist. Und er wird es sein!

Nichts gegen die neue Wunder-Potenzpille aus Amerika, die jetzt von sich reden macht. Wer an ihre Wirkung glaubt und risikofreudig genug ist, die keineswegs noch ganz erforschten Spätwirkungen in Kauf zu nehmen – es gibt Ärzte, die gerade ältere Männer davor warnen –, kann ja sein Geld dafür ausgeben. Die Herstellerfirma wird sich freuen. Aber genau diese Art Sex, die damit propagiert wird, ist nicht jene, die die erotische Qualität des Golden Age ausmacht! Hart, schnell und möglichst oft – das sind Eigenschaften, die bei einem männlichen

Kaninchen erstrebenswert sind, aber sicher nicht bei einem Liebhaber in den schönsten Jahren!
Da geht es um Zärtlichkeit, Gemeinsamkeit, Kenntnis der erogenen Zonen der Frau und Intelligenz und Einfühlungsvermögen im Bett. Das alles ist durch keine Pille zu ersetzen!

Was tun, wenn man ein Single ist?

Die Welt besteht auch im Golden Age nicht nur aus glücklichen Paaren, sondern ebenso aus Singles. Fünfzig Prozent der Haushalte in Deutschland sind Einpersonenhaushalte. Ob nun das Singledasein freiwillig oder unfreiwillig stattfindet, man ist – zumindest zeitweise – allein.
Und da kommen wir zu einem Thema, das früher ein noch viel größeres Tabu als der Sex zwischen Mann und Frau war – und es sogar jetzt noch ist: Selbstbefriedigung. Sie können heute in Gesellschaft locker über Ihre Affären und die damit verbundenen Schwierigkeiten reden, aber dieses Wort spricht keiner aus. Ein Produkt des christlichen Abendlandes, denn für viele Naturvölker ist diese Art der Entspannung etwas ganz Natürliches. Es besteht auch kein rationeller oder medizinischer Grund, sich dafür zu genieren. Vergessen wir also die düsteren Geschichten, die wir vielleicht als Kinder darüber gehört haben. Da gab es ja jede Menge – und eine dümmer als die andere! Ohne Partner zum Höhepunkt zu kommen ist durchaus legitim. Und Ihrer Phantasie beim Erträumen des Partners sind keine Grenzen gesetzt.

Aber wie es so richtig heißt: Träume nicht dein Leben, sondern lebe deine Träume! Fünfzig Jahre oder mehr sind kein Grund, nicht noch auf Eroberung auszugehen! Tun Sie es nicht mit verzweifelter Verbissenheit, sondern mit dem gelassenen Motto: Es muß nicht sein, aber es wäre nett. Flirten Sie! Allein schon das bringt ein angenehmes Kribbeln und macht Spaß.

Flirten Sie – und Sie werden sich wohl fühlen!

Sie sind nicht mehr so fit in der Kunst des Flirtens? Üben, üben, üben! Gelegenheit dafür gibt's überall. Beim Einkaufen im Supermarkt, in Lokalen, auf Reisen. Schlagen Sie den Gong zur ersten Runde einfach mit einem Lächeln und einem Blick in die Augen Ihres Versuchsobjekts. Einem Lächeln kann sich kaum jemand entziehen – schon aus Reflex wird zurückgelächelt. Und dann ist Zeit für den ersten Satz – mag er sich auf die jeweilige Umgebung beziehen oder aufs Wetter. Es heißt, daß in England unzählige Ehen durch Wettergespräche zustande gekommen sind!
Aber den echten Flirtern aus Passion geht es ja gar nicht um die Hochzeitsglocken. So wie ein Vogel fliegen muß, um in der Luft zu bleiben, müssen sie flirten, um sich wohl zu fühlen. Und von ihnen kann man viel lernen. Nicht nur die Technik einer Gesprächsanbahnung, sondern einfach das Behagen, das sie rund um sich verbreiten. Flirten heißt auch, das Interesse an anderen zu zeigen, und das ist etwas, das jeder braucht: beachtet zu werden.

Ich hatte eine Tante, der das Flirten so in Fleisch und Blut übergegangen war, daß sie es auch mit achtzig nicht lassen konnte. Fuhr man mit ihr in der Bahn, strahlte sie den Schaffner an, der ihren Seniorenausweis sehen wollte: „Nein, was habe ich doch für ein Glück, daß ich in diesen Zug gestiegen bin! Wann sieht man als ältere Dame je einen so jungen, hübschen Mann, der noch dazu etwas von einem will – und wenn's nur eine amtliche Legitimation ist!“
Der Schaffner war Mitte Vierzig, ein dicklicher, blasser Mensch, er gluckerte beglückt wie ein Truthahn und erschien während der Fahrt alle fünfzehn Minuten, um sich nach dem Wohlergehen der alten Dame zu erkundigen. Wir mitreisenden Nichten legten der Tante nahe, bei ihrem nächsten Flirtversuch die Brille aufzusetzen – die sie aus Eitelkeit selbstverständlich in der Handtasche verwahrte. Sie aber sagte fröhlich: „Ich hab' ihm einen schönen Tag gemacht, er hat sich gefreut, mich hat's gefreut – mehr wollte ich im Moment nicht!“
Das „im Moment“ war das Entscheidende. Sie hielt sich immer – bis zu ihrem Tod mit achtundachtzig – die Möglichkeit für mehr offen! Und an ihrem Sarg standen drei trauernde ältere Herren, alle ungefähr ein Jahrzehnt jünger als sie, die es nicht fassen konnten, daß ein so junger, lebendiger Mensch in diesem zarten Alter dahingerafft werden konnte!
Sind Sie also an der Anbahnung einer Beziehung, einer Freundschaft – oder einer Affäre – interessiert, dann öffnen Sie sich.

> Öffnen Sie die Türen zur Welt, und schauen Sie nicht abwartend zwischen den Fenstervorhängen ins Leben hinaus!

Wenn die Seele Flügel bekommt

Traummänner/-frauen bekommt man nicht mit der Post zugeschickt. Und sagen Sie nicht: „Wie soll ich die finden?“ Hätte Kolumbus so gedacht, hätte er Amerika nie entdeckt. Abgesehen davon, daß er eigentlich nach Indien wollte – aber vielleicht funktioniert das bei Ihnen ebenso: Sie suchen Indien und werden mit Amerika glücklich!

Liebe, Lust und Sex sind im Golden Age ein Lebenselixier. Abgesehen von der seelischen Gesundheit, macht diese Dreieinheit einfach schöner. Der Kreislauf wird in Schwung gebracht, die Haut durchblutet. Jemanden zu lieben heißt, aktiv sein. Geliebt zu werden erhöht das körperliche Wohlbefinden. Eine Katze schnurrt, wenn man sie zärtlich streichelt – also lassen wir doch auch unsere Partner wohlig schnurren!

Es gibt Ärzte, die sogar zwischen Rheuma und mangelnder Liebe einen Zusammenhang sehen. Menschen, die sich in Zuneigung geborgen fühlen, leiden weniger unter Beschwerden. Wenn die Seele Flügel bekommt, lösen sich auch Verkrampfungen des Körpers. Selbst Herzpatienten wird von ihren Ärzten heute nicht mehr vom Sex abgeraten. Ganz im Gegenteil: Ein harmonisches Liebesleben unterstützt den Heilungsprozeß.

Wechseljahre verlaufen bei Frauen, die sexuell aktiv bleiben, unproblematischer. Aber gerade in dieser Zeit ist es für Frauen wichtig, regelmäßig ihren Gynäkologen aufzusuchen, der mit Hormonpräparaten Beschwerden lindern oder gar nicht auftreten lassen kann.
Weder die Wechseljahre der Frau noch die des Mannes – ja, auch er hat welche, die wohl die Medizin kennt, die Gesellschaft, seit zwei Jahrtausenden männlich dominiert, nie zugeben würde – sind ein Grund dafür, nicht in diesem Alter eine neue Beziehung einzugehen!

Wenn die Partnerschaft nicht mehr funktioniert

Gerade wenn die Kinder aus dem Haus sind, kann es sein, daß man entdeckt, daß eine Partnerschaft nicht mehr funktioniert. Mag sein, daß man es schon länger wußte, aber nicht wahrhaben oder für die Familie und die Umgebung die Fassade aufrechterhalten wollte. Wenn für die Kompromisse, die Sie jahrelang geschlossen haben, der Preis Ihr Glück ist, dann beenden Sie sie. Ihre Lebenserwartung beträgt noch so viele Jahre – was für eine Vergeudung wäre es, sie in Unzufriedenheit oder Resignation zu verbringen!
Vor vielen Jahren, als ich eine Zeitungskolumne schrieb, schwelgte ich einmal – ich war gerade frisch in meinen Mann verliebt, und es war Frühling – in der Romantik einer Liebe, die ewig dauern würde. Daraufhin bekam ich einen Leserbrief von einer Siebzigjährigen, die mir schlicht mitteilte, ich sei eine blöde Gans und hätte keine Ahnung vom Leben. Ihre Liebe zu ihrem Mann hätte

genau zehn Jahre lang gehalten. Danach war da nur mehr Abneigung und Schweigen. Aber sie hat ausgehalten, weil „es sich so gehörte" – bis zu seinem Tod. Nichts, so schrieb sie, hätte sie von ihrem Leben gehabt, außer vierzig Jahre Enttäuschung!

Ich habe diesen Brief bis heute so genau in Erinnerung, weil er mich unendlich schockierte. Wie kann man vierzig Jahre seines Lebens in Frust und Enttäuschung verbringen? Das ist nur gleichzusetzen mit einem Galeerensklaven, dessen einzige Befreiung von den Ketten der Tod ist.

Vor ein paar Tagen erzählte mir der Chef einer kleinen Firma empört, daß seine fünfzigjährige Sekretärin gekündigt habe. „Sie hat den Job und die Ehe aufgegeben, um mit einem neuen Mann ein neues Leben anzufangen. In diesem Alter verliebt man sich doch nicht mehr! Die muß verrückt geworden sein!"

Finde ich nicht! Und ich wünsche der mir unbekannten Dame viel Glück! Liebe ist an kein Alter gebunden, und wer liebt, lebt – und das lange!

Schöner als es der berühmte Maler Pablo Picasso ausgedrückt hat, kann man das nicht formulieren:

> „Man stirbt nicht, wenn man alt wird, man stirbt, wenn man nicht mehr geliebt wird."

Also laßt uns lieben bis zu unserem letzten Atemzug.

Sie

Wenn es stimmt, daß Flirten das Leben verlängert, dann wird mein Mann sicher hundertzwanzig Jahre alt! Er ist einer jener Typen, die, sobald sie das Licht der Welt erblickt haben, der Hebamme zuzwinkern und sie nach ihrer Telefonnummer fragen. Er flirtet, wenn er mit einem Gipsbein im Spitalsbett liegt, mit der Krankengymnastin, obwohl er für Turnen sonst nicht das geringste übrig hat, er flirtet mit Politessen, die ihm Strafzettel ausstellen, und mit Kassiererinnen im Supermarkt, egal, wie lang die Schlange hinter ihm ist.

Aber er läßt es nicht nur beim Flirt bewenden, nein – er ist auch voller Einsatzbereitschaft, wenn er auch nur andeutungsweise das Gefühl hat, ein weibliches Wesen benötige Hilfe. Er erinnert mich stark an die kleinen, braven Pfadfinder, die alte Damen über die Straße schleppen, egal, ob sie auf die andere Seite wollen oder nicht.

Als wir einmal auf Skiurlaub waren, saß ich, die Langläuferin, schon wartend in der Wirtsstube, bis er, der Abfahrer, endlich auftauchte. Er hätte noch zwei alten Damen beistehen müssen, die mit dem Skilift nicht zurechtkamen, entschuldigte er sich. „Wie alt?“ fragte ich mit dem natürlichen Mißtrauen einer Ehefrau. So um die achtzig, neunzig Jahre, sagte er. Zwei rührende alte Weiblein, schon ziemlich gebrechlich!

Da ging die Tür auf, und herein kamen zwei ungefähr zwanzigjährige Skihaserln, munter und weit von jeder Gebrechlichkeit entfernt. Sie bedankten sich bei meinem

Mann für seine charmante Hilfe bei den Liftbügeln, oder was auch immer für technische Probleme Abfahrer haben – was weiß eine Langläuferin schon davon!
„Neunzig Jahre?" fragte ich nachher. Nicht mehr. Ich kann auch sehr beherrscht sein, besonders nach einem Tag im Wintersport. Und er antwortete: „Ich hatte meine Skibrille auf. Und die war angelaufen. Da konnte ich doch nicht sehen, wie alt die beiden wirklich waren!"
Ich liebe seine seltsamen Sehschwächen, treten sie doch auch manchmal auf, was meine Person betrifft. Wenn er mir heute irgendein Kleidungsstück kauft, dann ist es immer eine Nummer zu klein. Eisern beharrt er auf der Vorstellung, ich hätte noch immer dieselbe Kleidergröße wie damals, als wir uns kennenlernten. Er ist eben der geborene Flirter, der es versteht, Frauen Komplimente zu machen.

Er

Na, da hat sie mich aber prima hingestellt, meine liebe Frau! So, als ob ich ein einsamer Werwolf wäre, der rotäugig über die Pisten schweift, um einsame Skihaserln zu jagen. Außerdem erinnere ich mich an diese Geschichte kaum noch – eigentlich gar nicht mehr! Übrigens, ein Tip, meine Herren – falls Sie ihn nicht ohnehin schon ein Leben lang zur Selbstverteidigung verwenden: „Ich erinnere mich nicht! Das hab' ich vergessen! Ich habe soviel Wichtigeres im Kopf!" Das sind drei Sätze, die man im Leben mit einer Partnerin braucht wie ein Ritter seine Rüstung im Kampf!

Frauen neigen zu Eifersucht, Männer zu Großzügigkeit! Wenn ein Mann mit meiner Frau flirtet, dann lächle ich nur souverän. Ich weiß, daß sie nicht das geringste Interesse an ihm haben kann. Wieso auch? Sie hat doch mich! Manchmal versucht sie allerdings, mich aus der Ruhe zu bringen. Wenn sie mir zum Beispiel erzählt, daß Walter fände, sie sei eine Traumfrau, dann sage ich mit gütiger Nachsicht: „Nimm ihn nicht ernst, der ist ja schon senil!" Ich werde nicht ärgerlich – sie aber, aus einem mir völlig unerfindlichen Grund, schon!

Überhaupt neigen Frauen zu völlig irrationalen Zornesausbrüchen. Ich erinnere mich – und daran darf ich mich gefahrlos erinnern, denn diese Geschichte steht im Zusammenhang mit meiner Frau – an eines unserer Rendezvous in den Anfängen unserer Liebesgeschichte. Wir hatten ausgemacht, uns am Abend in ihrer Wohnung zu treffen, sie wollte etwas Besonderes kochen. Dabei hatte ich leider übersehen, daß an diesem Abend ein Ländermatch im Fernsehen übertragen wurde. Aber ich hätte sie natürlich nie deswegen versetzt! Also läutete ich an ihrer Tür – sie hatte irgend etwas Verführerisches an, was ich allerdings nicht näher zur Kenntnis nahm. Ich schob sie beiseite, eilte ins Wohnzimmer und fragte: „Hat es schon angefangen?" – „Was?" fragte sie, und das wiederholte sie ein paarmal, aber ich sagte: „Psscht!" und schaltete den TV-Apparat ein. Am Tisch brannten Kerzen, was keineswegs eine ideale Beleuchtung für ein Match ist, darum löschte ich sie aus und starrte gebannt auf den Schirm. Es ging gut für unsere Mannschaft aus, aber sie teilte meine Begeisterung keineswegs, sondern murmelte irgend etwas von einem Reinfall! Damit konnte sie natürlich nur ihre Kochkünste meinen, denn aus ihrer kleinen Küche stank es gewaltig verbrannt!

Am Ende des Abends sagte sie einige ziemlich unfreundliche Dinge – aber die nahm ich nicht zur Kenntnis. Ich wußte, ich wollte mit ihr zusammenbleiben, und ich wußte auch, was ich als erstes in unserem gemeinsamen Haushalt anschaffen würde: einen zweiten Fernsehapparat!

Sie sagt mir gerade, daß unser Thema nicht Ländermatches, sondern Flirten war. Ehrlich? – Tut mir leid, daran erinnere ich mich nicht!

Einige Tips, wie Sie sich schöner und wohler fühlen können

Unsere Großeltern pflegten zu sagen: „Auf die innere Schönheit kommt es an!“ Der berühmte Wiener Kabarettist Karl Farkas hatte dazu eine etwas andere Meinung. Als man ihm von einer Dame sprach, deren Äußeres nicht gerade überwältigend war, aber ihre schöne Seele pries, meinte er lapidar: „Soll sie sich wenden lassen!“

Tatsächlich ist es so, daß wir – wir sind doch alles intelligente Menschen, die sehr wohl Körper von Geist trennen können – den inneren Werten, wie Geist, Güte und Humor, den Vorzug geben. Bei anderen. Wir selbst, wir wollen einfach gut aussehen! Würden wir uns sonst nicht immer wieder zu einer dieser Diäten verleiten lassen, die wir in irgendeiner Illustrierten lesen? Wenn dort steht, eine Gurke pro Tag verzögert die Faltenbildung, dann stopfen wir Gurken in uns hinein, bis wir Sodbrennen haben – um dann draufzukommen, daß wir sie als Gesichtsmaske hätten anwenden sollen.

Natürlich wollen wir in Würde altern – aber das in Schönheit! Wobei das Maß der Schönheit von uns selbst bestimmt werden sollte. Und hier können wir durchaus an uns Ansprüche stellen!

Übergewicht kommt nicht wie ein Erdbeben von einer

Sekunde auf die andere über einen. Es ist eher mit einer Überschwemmung zu vergleichen – man sieht das Steigen des Wasserstandes und hat noch genug Zeit, sich zu retten.
Diese Zeit ist jetzt, jetzt, im Golden Age. Denn nun können wir uns, da berufliche Pflichten und Alltagstrott uns nicht mehr so total vereinnahmen, auf uns und unser Wohlbefinden konzentrieren. Wir können Eßgewohnheiten überdenken. Gibt es Situationen, in denen wir aus Langeweile oder Gewohnheit essen? Haben wir uns den automatischen Griff zu Chips beim Fernsehen, zu Pralinen bei der Lektüre eines Romans angewöhnt? Dies zu wissen und zu vermeiden spart bereits Kalorien! (Mehr über gesundes Essen im Kapitel „Gesunde Ernährung".)

Älter werden und attraktiv bleiben

Es gibt einen schönen Spruch: „Gott hat dir dein Gesicht geschenkt, lächeln mußt du selber." Dasselbe kann man auf das Aussehen übertragen. Wie wir aussehen, wurde uns in die Wiege gelegt – alles Weitere ist unsere eigene Verantwortung!
Und wir können viel dazu tun, schöner zu werden – aber tun wir es nicht mit Verbissenheit. Gerade in diesen und den nächsten Jahren, die ja zu den schönsten unseres Lebens zählen sollen, nicht. Machen wir alles für unseren Körper, unser Gesicht und unsere Haut, was uns Wohlbefinden schenkt, aber machen wir es so, daß wir uns dabei wohl fühlen. Attraktivität ist dann die erfreuliche Zugabe.

Ein „Zuviel“ in jeder Beziehung bringt nichts – ganz im Gegenteil. Sie kennen doch sicher diese Kämpfer um Jugendlichkeit im mittleren Alter: geröstet unter den Solarien, geschminkt wie Indianer auf dem Kriegspfad und dem verzweifelten Versuch, wie ewige Zwanzig auszusehen. Das kostet Geld, unendliche Mühe und bringt nur Frust. Statt zu versuchen, das Rad der Zeit zurückzudrehen, was ohnehin nicht möglich ist, sagen wir doch fröhlich: Hurra, wir werden älter und schauen toll dabei aus!

Wir sind „die Beweglichen“, wir können Moden und neue Make-up-Techniken mitmachen – alles ausprobieren, was uns zu Gesicht und Figur steht. Frauen, die sich seit vierzig Jahren immer noch so schminken, wie sie es als Teenager getan haben – abgesehen davon, daß auch Make-up einer rasch wechselnden Mode unterworfen ist –, wirken nicht jünger, sondern im Gegenteil: Man sieht ihnen das Baujahr an.

So schminken Sie sich richtig!

Der berühmte Visagist Kevyn Aucoin läßt mit ein paar kleinen Schminktricks auch seine älteren Kundinnen hinreißend aussehen.

- Den Eyeliner am oberen Lidrand zieht er leicht nach oben, die Schattierung unter den Augen läßt er weg oder benutzt eine Farbe, die um einige Nuancen heller ist als der Liner. Die obere Wimpernlinie betont er mit verwischtem Lidschatten. Auch ein heller Kajalstift – weiß oder rosa – unter dem Eyeliner läßt die Augen größer, strahlender und jünger erscheinen. Und ganz wichtig nennt er die Konturierung der Lippen, was nicht nur ihre Form betont, sondern auch ein Auslaufen der Farbe verhindert.

- Knallige Töne sollten wir jetzt unseren Töchtern überlassen, wir können in sanften, harmonischen Schattierungen schwelgen. Gehen Sie auf ein helleres Make-up über. Keine dunklen, balkendicken Augenbrauen mehr, keine grellen oder dramatischen Lidschatten. Grellrot sollten Verkehrsampeln leuchten, nicht Ihr Lippenstift! Jetzt wirken alle Erd- und Naturtöne schön – goldenes Braun, Pfirsichnuancen, Beige und Hellgrau.

Auch wenn wir unseren Make-up-Stil gefunden haben – es spricht nichts gegen Experimente. Das kalte Winterlicht verlangt andere Farben als der Sommer.

Die Pflege der Haut: ein wichtiger Punkt!

Auch die Gesichtscreme sollte der Jahreszeit angepaßt sein: fetthältiger im Winter, eine Feuchtigkeitscreme für die warmen Monate. Und was die Sonnencreme betrifft: Glauben Sie nicht, daß nur zarte Kinderhaut einen hohen Schutzfaktor braucht! Auch reife Haut reagiert empfindlich auf Sonnenstrahlen. Braungegerbte Gesichter passen vielleicht zu alten Seebären – unsere Erinnerung an den Urlaub sollten keine neuen Falten und abgepellten Nasen sein, sondern ein gesundes, frisches Aussehen!
Kosmetik und Hautpflegemittel sind ein Markt, auf dem wirklich etwas für unser Golden Age getan wird!

Die Schönheitsindustrie hat als erste erkannt, daß die älteren Konsumenten wichtige und gute Kunden sind. Alle großen Firmen bringen inzwischen Cremes gegen die vorzeitige Alterung der Haut und Repairs gegen bereits bestehende Schäden heraus. Erfunden wurden Cremen mit dem neuen Sonnenschutzfaktor Photoplex, der siebzig Prozent aller UV-A-Strahlen abhält, die zur Erschlaffung der Haut beitragen, und auch gegen UV-B-Strahlen wirksam ist, die Falten und Hautkrebs verursachen. Ein Hefepräparat zur Stärkung des Immunsystems der Haut wird in Kürze auf den Markt kommen.
Der japanische Kosmetikkonzern Shiseido hat für 29 Millionen Dollar in Tokio ein Institut für Fortgeschrittene Hautforschung eingerichtet, dessen Ziel es ist, innerhalb von sieben Jahren ein wirksames Mittel gegen das Altern der Haut zu entwickeln.
Die ältere Generation ist für die Schönheitsindustrie längst kein Tabu mehr – in den Werbespots des US-Fernsehens wird mit reiferen Models geworben, denn im Gegensatz zu der antiquierten Meinung einiger Fernsehmacher in Deutschland und Österreich, die noch immer der Meinung sind, Werbung hätte nur einen Sinn für Zuschauer bis neunundvierzig, wissen die Amerikaner, was sie an den „Alten“ haben!
US-Bürger geben pro Jahr zwei Milliarden Dollar für Produkte aus, mit denen sie das Altern stoppen wollen. Die Verkaufszahlen von Vitamin A stiegen in einem Jahr von zwanzig auf sechzig Millionen Dollar. Älter werden und dabei attraktiv bleiben – dafür ist unsere Generation

bereit, auch zu zahlen. Wir kaufen nicht mehr so wahllos wie in der Jugend, wir denken nach – und sind ebenso offen für Alternativen und Naturprodukte.

> Die Haut ist unser wichtigstes Kleid – eines, das wir unser ganzes Leben lang tragen und demgemäß pflegen sollten!

Gesichtsmasken – hausgemacht

Meine Mutter, die kurz nach dem Krieg mit zwei Französinnen befreundet war, erzählte mir immer wieder fasziniert, daß, sobald in diesen schlechten Zeiten ein paar Eier ergattert werden konnten, die Österreicherinnen sie aßen, während die beiden Französinnen sich eine Gesichtsmaske damit machten.
Heute müssen wir kein schlechtes Gewissen mehr haben, wenn wir Lebensmittel als Schönheitsmittel gebrauchen. Und die meisten Rezepte dazu sind billiger als Fertigmasken aus der Tube.

- Ein Ei, mit Topfen, Honig und einem Löffel Obers verrührt, nährt die Haut und gibt ihr strahlendes Aussehen.
- Meine Großmutter mischte sich eine Gesichtsmaske gegen fette Haut mit fünf Eßlöffel Heilerde und einem Teelöffel Kräuter – getrocknete Stiefmütterchen und Lavendel. Die Kräuter ließ sie in einer Tasse mit kochendem Wasser zehn Minuten ziehen, gab sie dann zu der Heilerde und ließ die Mischung für zwanzig

Minuten im Gesicht einziehen. Mit warmem Wasser abgewaschen, danach eine Feuchtigkeitscreme, und die Haut sieht aus wie Samt!

Badezusätze – eine spezielle Wohltat!

Nichts entspannt Körper und Seele mehr als ein wohlig warmes Bad. Vielleicht hatten Sie in den letzten hektischen Jahren immer nur Zeit für eine schnelle Dusche. Werden Sie nun zum Wannentyp! Nehmen Sie sich die Zeit und Muße, Körper und Seele in einem Bad mit entsprechend pflegenden Zusätzen zu verwöhnen!
Natürlich können Sie Bäder auch in der Flasche im Drogeriemarkt kaufen, aber gönnen Sie sich doch den Genuß und kreieren Sie Ihre eigene Mischung. Spielen Sie Kleopatra – und vielleicht gewinnen Sie Ihren Antonius zu einem gemeinsamen Wannenluxus.

- Machen Sie es ihr nach und baden Sie in Sahne. Keine Angst, Sie brauchen sie nicht literweise wie die schöne Ägypterin – es genügen fünf bis sechs Eßlöffel. Geben Sie noch einen Eßlöffel Honig dazu und ein paar Tropfen ätherischen Öls Ihrer Lieblingsduftrichtung. Kamille, Lavendel, Rosen- und Sandelholz pflegen trockene Haut. Ylang-Ylang oder Orange sind eine spezielle Wohltat für die reife Haut.
- Sie können als Grundlage aber auch reines Öl verwenden, Mandel-, Jojoba- oder einfach Olivenöl, dem Sie wiederum ätherische Öle beifügen. Dieses Bad ist wie ein Galadiner für die Haut. Trocknen Sie sich danach nicht ab, ziehen Sie einen Bademantel an, und

lassen Sie die pflegenden Essenzen in Ihren Körper einziehen.

- Für den Winter – oder auch dann, wenn Sie aus seelischen Gründen einmal frieren – gibt es nichts Besseres als ein Bad auf Ölbasis mit dem Zusatz von Zimtblätteröl. Das ist der Geruch von Weihnachten, von schönen Kindheitserinnerungen, man fühlt sich wohl und geborgen. Kein Wunder, daß es bei solchen Eigenschaften auch eine erotische Wirkung hat!
  (Tips zur richtigen Verwendung dieser Öle finden Sie in dem Buch von Susanne Fischer-Rizzi über Aromatheraphie: „Himmlische Düfte“, Verlag Hugendubel.)

Ätherische Öle sind auch – wiederum gemischt mit Mandel- oder Jojobaöl – wunderbare Massagezusätze. Probieren Sie doch einmal Partnermassagen aus. Damit können Sie einander nicht nur bei kleinen Beschwerden wie Verspannungen oder Muskelschmerzen helfen – alle Öle aus Nadelhölzern sind dafür ideal –, sondern sich auch ganz auf die Zärtlichkeit konzentrieren. Erinnern Sie sich noch, wie Sie Ihre Kinder, als sie klein waren, wenn sie nicht einschlafen konnten oder Kummer hatten, gestreichelt haben? Wiederholen Sie das jetzt bei Ihrem Partner.

Berührungen sind Liebe – und wecken Liebe!

Ihr Körper braucht genügend Flüssigkeit!

Trinken Sie Kräutertees! Je älter man wird, um so genauer sollte man die tägliche Flüssigkeitsmenge einhalten, die der Körper braucht. Und das sind eineinhalb bis zweieinhalb Liter!

Kaffee oder Alkohol wird da nicht mitgezählt, Wasser, Mineralwasser und Tee sind die Gesundheits- und Schönheitsspender. Sie schwemmen Giftstoffe aus dem Körper und machen die Haut frischer.

- Gewöhnen Sie sich an, nach dem Frühstück einen Viertelliter Kräutertee Ihres persönlichen Geschmacks zu trinken. Schafgarbe und Brennessel entgiften, Eibischwurzeln schützen in der kühlen Jahreszeit gegen Erkältungen, und Baldriantee, der abends ein herrliches Beruhigungs- und Einschlafmittel ist, wirkt, wenn er am Morgen getrunken wird, höchst anregend. Ein Tip auch für graue, kalte Wintermorgen, an denen man schon beim Blick aus dem Fenster friert! Nach einer Tasse Baldriantee geht eine sanfte Wärme durch den ganzen Körper, und man fühlt sich so fit, daß man an der Winterolympiade teilnehmen könnte!
- Der deutsche Naturheiler Hahn hat schon im vorigen Jahrhundert eine probate Methode entwickelt, wie der Mensch auf die notwendige Flüssigkeitsmenge kommt, die er pro Tag braucht: Vor jeder neuen Tätigkeit, sei es das Aufstehen, das Frühstück bereiten, Haus- oder berufliche Arbeit – einen Viertelliter Wasser trinken! Das hat ihm damals den Beinamen „Wasser-Hahn“ eingetragen.
- Einen herrlichen Fitneßdrink hat auch der österreichische Arzt Dr. Karl Gartner kreiert: ein Teelöffel Essig, ein Teelöffel Honig, ein Teelöffel Magnesiumgranu-

lat, das Ganze mit einem Viertelliter Wasser aufgegossen – eine Energiebombe, die Stunden anhält.

Alle diese Schönheitstips – und die vielen anderen, die Sie in Büchern und Illustrierten finden können – haben neben den Erfolgen für unser Äußeres auch eine wichtige seelische Komponente. Etwas für sich tun, heißt sich verwöhnen, heißt, wie es Claudia Schiffer in ihren Werbespots sagt: „ Weil ich es mir wert bin!“

> Wir sollten es uns wert sein, alles zu tun, was uns das Leben angenehm macht!

Dazu gehört auch, in Harmonie mit seinem Gesicht und seinem Körper zu leben, und das ist nun einmal leichter, wenn er dem Bild einigermaßen entspricht, das wir uns von ihm machen.

Was kann Schönheitschirurgie bewirken?

Sollen wir wirklich alles tun, um schön zu bleiben, um das äußere Bild des Alters für ein paar Jahre aufzuhalten? Gehören dazu auch Schönheitsoperationen?

Stellen Sie einmal diese Frage im Freundeskreis, und fast alle werden sich empört dagegen aussprechen. Einschließlich jener, die bereits geheim mehrere Faceliftings hinter sich haben, und derjenigen, die sich bereits zu einem Termin dafür angemeldet haben.

„Mir ist jede meiner Falten lieb und wert“, hört man da als Argument – natürlich von jenen, die das Glück haben, fast faltenlos zu sein. Von Frankenstein und natürlich Michael Jackson ist da die Rede – und sie vergessen alle Cher, die nach ihren diversen Korrekturen hinreißend aussieht.

„Gott hat uns nun mal so gemacht, wie wir sind", sagt dann sicher irgendeiner in der Runde, der sonst nie durch besondere Frömmigkeit auffällt. Aber Gott will sicher auch nicht, daß einige seiner Menschenkinder unglücklich sind, weil sie sich häßlich fühlen. Und wenn alle anderen Mittel versagen und die Schönheitschirurgie einem helfen kann, warum soll man sie dann nicht nützen? Und ganz ehrlich: Wenn wir – ob Frau, ob Mann – wüßten, daß es ganz hundertprozentig hinhaut, daß es nicht weh tut und es außerdem niemand erfährt, würden wir uns da nicht sofort unter das Messer eines guten Arztes begeben?

Es gibt inzwischen aber auch Alternativen:

- Mit Laserstrahlen können Falten unblutig und ohne Narbenbildung wesentlich reduziert werden. Der Effekt hält mehrere Jahre an und ist beliebig wiederholbar.
- Mit dem VersaPulse-Laser können auch sogenannte „Besenreiser", Hautveränderungen der kleinen und mittleren Gefäße direkt unter der Hautoberfläche, oder Couperose, eine auffällige Rotfärbung größerer Hautareale, die meistens im Wangenbereich auftritt und in vielen Fällen erblich bedingt ist oder durch Bluthochdruck entsteht, behoben werden. Die Behandlung dauert zwischen fünfzehn Minuten und zwei Stunden und ist kaum schmerzhaft. Nach großen

Erfolgen in Amerika wird sie seit einigen Jahren auch hierzulande erfolgreich durchgeführt. (Information darüber im Anhang des Buches.)

Zeigen Sie Ihre ganz persönliche Schönheit!

Schönheit ist etwas Subjektives: Wir können uns operieren lassen, tolles Make-up verwenden und danach so aussehen, wie wir wollen. Wenn wir uns aber anders wohl fühlen, dann ist das auch okay. Wir haben in unserem Alter genug Selbstbewußtsein, um so zu sein, wie wir es wollen!

Ich kenne eine Frau, die bis zu ihrem fünfundfünfzigsten Lebensjahr Managerin in einem Großbetrieb war. Schon aus beruflichen Gründen war sie vom Scheitel bis zu den Fingernägeln perfekt gestylt. Die Frisur stets der letzte Schrei eines teuren Haarkünstlers, das Make-up genau auf ihr jeweiliges Designer-Kostüm abgestimmt. Nachdem sie ihren Job aufgegeben hatte, erfüllte sie sich einen langjährigen Traum: Sie zog auf einen Bauernhof, schaffte sich ein paar Pferde, Enten, Hühner und Gänse an und verkauft biologisches Gemüse aus eigenem Anbau. Wenn man sie heute besucht, dann hat sie ihre Haare zu einem fröhlichen Pferdeschwanz zusammengebunden, die teuren Kleider sind einem praktischen Arbeitsdreß gewichen, und in ihrem Gesicht sieht man keine Spur von Schminke. Und sie ist wunderschön! Weil sie glücklich ist und so lebt, wie sie es in ihrer Freiheit des Golden Age für richtig hält. Schönheit ist immer das, was wir persönlich für schön halten!

Es gibt keine „grauen Mäuse" mehr!

Bisher haben wir vor allem über die Pflege unseres ersten und wichtigsten Kleides, der Haut, gesprochen. Da wir uns aber seit geraumer Zeit nicht mehr im Paradies befinden, wo Adam und Eva noch nackt herumlaufen konnten, ist ein wichtiger Punkt auch unsere Kleidung.

Und da hat sich in den letzten Jahren eine bemerkenswerte und höchst erfreuliche Tendenz gezeigt, was unser Golden Age betrifft.

Vorbei die Zeiten, wo man ab fünfzig oder sechzig als graue Maus oder grauer Mäuserich modisch möglichst unauffällig herumlief. Erinnern Sie sich noch an den Begriff der „Turnschuh-Generation"? Der wurde abfällig für unsere Kinder geprägt, die irgendwann begannen, in Jeans, überweiten T-Shirts und bequemen Sportschuhen – vorzugsweise mit offenen Schnürsenkeln – bei jeder, auch der formellsten Gelegenheit aufzutreten. Inzwischen sieht man im Straßenbild immer mehr Eltern – und junge Großeltern – in diesem herrlich bequemen, fröhlichen Outfit. Ihre Jeans sind natürlich weder schmutzig noch zerrissen, aber die T-Shirts tragen ungeniert fröhliche Aufdrucke wie: „Oldie, but Goldie" oder „Das Leben beginnt mit sechzig!"

Talleyrand, der große französische Staatsmann und Frauenkenner, empfahl einst, ältere Blondinen sollten nur Schwarz und Weiß tragen – das hebt sie ab von der Masse der bunten jungen Dinger und spiegelt die Reife und Erfahrung wider, die sie sich erworben haben.

Abgesehen davon, daß Schwarz und Weiß immer elegant wirken und ideal zum Kombinieren sind, gibt es für uns heute keine Farben, die wir nicht tragen können – außer jenen, die wir schon in der Jugend nicht hätten tragen sollen, weil sie nicht zu unserer Haarfarbe oder unserem Teint passen. Dasselbe gilt für die Mode überhaupt: Ein gesundes Maß an Selbstkritik ist in jedem Alter angebracht. Wenn man nicht die geeignete Beinform hat, wirken Miniröcke bei einer Achtzehnjährigen genauso unpassend wie mit fünfzig. Aber auch gegen Minis spricht in unserem Alter nichts. Ich kenne viele junge Großmütter, die so hinreißende Beine haben, daß sie in kurzen Röcken aussehen wie Marlene Dietrich in ihren besten Jahren.

Gehen Sie auch in der Mode mit der Zeit!

Alles ist erlaubt, was uns Spaß macht und gefällt. Allerdings gilt hier derselbe Rat wie beim Make-up. So, wie Sie sich heute nicht mehr schminken sollten, wie Sie es damals als Zwanzigjährige getan haben, sollten Sie auch Ihrem damaligen Kleiderstil nicht nostalgisch treu bleiben.

Es gibt Frauen – und selbstverständlich auch Männer, bei denen fällt es nur weniger auf –, die sieht man stets in einer Kleidung, von der man annimmt, daß sie, sorglich gepflegt, seit mehreren Jahrzehnten dieselbe ist. Wie erstaunlich die Tatsache, daß ihre Träger verbissen danach Geschäfte durchstöbern, um immer wieder aufs neue alte Lieblingsstücke von einst zu finden. Nach dem

Motto: „Mit zwanzig sah ich hinreißend in getupften Kleidchen aus – also bleibe ich dabei."
Wie heißt es so richtig: „Gehen Sie mit der Zeit, oder die Zeit geht über Sie hinweg." Und wir, die Generation der Beweglichen, haben es nicht notwendig, modisch auf der Strecke zu bleiben. Manche Stile, an denen Sie hängen, sind schon lange out. Auch wenn wir uns nicht sklavisch an die „In"- und „Out"-Listen diverser Lifestyle-Magazine halten müssen – ab und zu ein Blick darauf und eine kleine Korrektur im Kleiderschrank kann nicht schaden.

Wenn wir neue Kleider kaufen, sollten wir das mit Selbstbewußtsein tun!

Sie sollen so aussehen, wie Sie sich fühlen!

Wenn Ihnen die Verkäuferin bei der Suche nach einem flotten Kostüm ein unsägliches Stück in tristem Uniformblau hinhält und dazu sagt: „Das wird von reiferen Damen gern gekauft", dann verlassen Sie auf der Stelle das Geschäft! Mode für reife Damen gibt es nicht – es gibt Modelle für Große, Kleine, Dünne, Dicke, aber keine mit Altersstempel darauf.
Auch von dem Satz: „Für Sie?" mit drei Fragezeichen dahinter, wenn Sie nach einem Body mit fröhlicher Schlabberbluse darüber greifen, läßt man sich nicht einschüchtern. Murmeln Sie nicht verlegen: „Nein, es ist für meine Tochter", sondern sagen Sie: „Ich wollte das eigent-

lich für meine Großmutter kaufen, aber bei genauerer Betrachtung ist das Zeug nicht cool genug für die Oma", und gehen Sie dorthin, wo man Sie als Kundin und nicht als Ausflüglerin aus dem Altersheim behandelt.

Dasselbe gilt für Friseurbesuche. Lassen Sie sich nicht, nur weil es vielen Haarkünstlern an Phantasie fehlt, diese schreckliche Einheitsfrisur für Frauen über fünfzig machen! Ein Schnitt für alle, starre Dauerwellen, die aussehen, als wären sie als Ersatz für Stahlhelme erfunden, und statt Individualität gibt es plötzlich lauter geklonte Queen Mums. Bestehen Sie auf Ihrer Wunschfrisur – schließlich zahlen Sie ja dafür –, und sollte Ihr Friseur die nicht schaffen – nun, es gibt genug andere, die begabter sind!

Vor ein paar Monaten wurde im Fernsehen die mehrfach ausgezeichnete Buchillustratorin Angelika Kaufmann, eine Dame um die Sechzig, interviewt. Sie trug eine Bluse im Tigerdessin und hatte genau in diesem Muster ihre Haare geschnitten und gefärbt. Es sah toll aus! Der große österreichische Schauspieler und Autor Fritz Eckhardt ließ sich noch mit über achtzig die Haare tönen. „Warum soll ich ausschauen wie ein weißhaariger Greis, wenn ich mich nicht so fühle", sagte er mir einmal.

Sehen wir also so aus, wie wir uns fühlen – und scheren uns den Teufel darum, wie die anderen finden, daß wir auszusehen hätten!

> Alter ist eine Eintragung im Reisepaß und keine Norm für unser Äußeres!

Sie

Mit sechzehn besuchte ich die Tanzschule, weil es sich so gehörte, und ich haßte es! Denn wir lernten für jeden Tanz die neuen Schritte geschlechtsmäßig getrennt. Das heißt, die jungen Damen wurden zuerst von den jungen Herren aufgefordert, gingen eine Runde gemeinsam durch den Saal, dann wurde jede Gruppe in einen anderen Raum gescheucht, übte eins, zwei, drei und eins, zwei drei, dann kam die Aufforderung: „Jede Dame geht zurück zu ihrem Partner!“ – und ich fand den meinigen nie wieder! Für mich sahen sie alle gleich aus, wie eine Schar von Pinguinen, nur wesentlich weniger interessant.

Aber trotzdem machte ich mich davor jedesmal mit Hingabe an mein Make-up. Für ein Auge allein brauchte ich – meine Großmutter hat es einmal mit der Küchenuhr gestoppt – eine Stunde!

Damals war eine Wimperntusche „in“, die mit Zugabe von Wasser und nach dreimaligem Auftragen den Augen, laut Packungsaufschrift, einen „verführerischen, orientalischen Ausdruck“ verleihen sollte. Das Ergebnis war gigantisch! Auf jeder einzelnen Wimper klebten viele schwarze Klümpchen, durch das spezifische Eigengewicht der dicken Paste sanken die Lider auf Dreiviertel der Augenhöhe, und man sah die Welt nur mehr durch einen schmalen Schlitz. Mag sein, daß das der Grund war, warum ich meine Partner nie mehr fand, wobei allerdings die Möglichkeit auch nicht auszuschließen ist, daß sie sich vor mir versteckten, sah doch meine

obere Gesichtshälfte aus wie das Lager eines Kohlenhändlers.
Später kam dann noch eine kurze Phase mit aufgeklebten künstlichen Wimpern, die in den unpassendsten Momenten dazu neigten, sich selbständig zu machen und einmal peinlicherweise auf der Nase des Angebeteten landeten. Aber langsam wurden die Spachtel-Make-ups und die von Haarspray starrenden Frisuren, die von ihrer Härte her glatt einen Motorradschutzhelm ersetzen konnten, weniger.
Und je älter ich wurde, desto schneller ging es mit dem Schminken. Nicht weil ich weniger eitel geworden wäre, aber ich lernte mit den Jahren mein Gesicht kennen, und ähnlich einem Restaurator alter Gemälde wußte ich, wo ein paar Korrekturen notwendig waren und wo man das Original besser antik lassen sollte, so wie es von seinem Schöpfer gedacht war. Außerdem war bei zwei Töchtern im Teenageralter die Zeit vor dem Badezimmerspiegel limitiert. Jetzt brauchten s i e eine Stunde pro Auge!
Das heißt aber nicht, daß ich nicht für neue Schönheitstips offen bin. Als ich einmal in einem Buch las, daß Chinesinnen seit mehr als zweitausend Jahren Falten dadurch vermeiden, daß sie in der Früh sofort nach dem Aufwachen lächeln, probierte ich das aus. Ich schlug die Augen auf, lächelte – und mein Mann schrie: „Um Gottes willen, was ist mit dir?“ Später gestand er mir, daß er dachte, ich wäre gestorben. Eine typische Reaktion für übersteigertes männliches Selbstbewußtsein. Männer glauben doch tatsächlich, daß man, wenn man an ihrer Seite stirbt, dabei auch noch lächelt!

Er

Was würden Sie denn denken, wenn eine Frau, die ein absoluter Morgenmuffel ist, bei den muntersten Scherzchen, die man geistvoll von sich gibt, keine Miene verzieht und vor der ersten Tasse Kaffee nicht bereit ist, den Tagesablauf zu diskutieren, plötzlich starr lächelnd neben Ihnen im Bett liegt?

Ich brauchte Tage, um mich von diesem Schock zu erholen! Dabei kann man wirklich nicht sagen, daß ich vollkommen unvorbereitet war. Das Training, das man als Ehemann bei der Schönheitspflege seiner Frau durchmacht, kann in seiner Härte nur mit der Rangerausbildung der US-Army verglichen werden!

Sie treten einem plötzlich und unvermutet grüngesichtig entgegen wie ein Ding aus dem Weltraum, weiße Schönheitsmasken lassen einen ahnen, wie es den Bewohnern schottischer Schlösser geht, die mit einem Hausgespenst leben müssen, und haben sie schwarze Heilerde im Gesicht, fühlt man sich zu einem unentdeckten Kannibalenstamm im Herzen Afrikas versetzt und kann nur hoffen, daß sie einen nicht auf den Speiseplan setzen.

Und dabei darf man weder Schrecken zeigen noch eine zur Situation passende Bemerkung machen, sonst sind sie beleidigt! Ebenso ist es, wenn sie vom Friseur zurückkommen. Auf ihre Frage: „Wie sehe ich aus?" sagen Sie nicht: „Genauso wie vorher. Bist du nicht drangekommen?" Das trübt die Stimmung für den Rest des Tages. Es empfiehlt sich, auf alle Anfragen dieser Art

mit entsprechender Begeisterung „Hinreißend!" zu antworten, das bewahrt den Ehefrieden!
Wir können uns diese Nachsicht auch leisten, haben wir es doch, was Schönheitspflege betrifft, leicht. Wir brauchen keine. Wir sind von Natur aus schön! Schauen Sie sich doch in der Tierwelt um. Woran erkennt man auf den ersten Blick bei allen Gattungen die Männchen? Richtig! An ihrem prächtigen Aussehen. Die Vogelmännchen haben das leuchtende Gefieder, die Löwenmännchen ihre stolze Mähne und die Paviane ihren bunten Hintern. Und kriegen wir irgendwann Falten, machen sie uns nicht älter, sondern interessanter!
Auch was die sogenannten Wohlfühltips betrifft, sind wir wesentlich weniger anspruchsvoll. Frauen brauchen Cremes, Masken, Bäder. Uns dagegen genügt eine harmonische Umgebung, Rücksichtnahme auf unsere Wünsche, eine oder mehrere Frauen, die uns anhimmeln, das Gefühl der Freiheit und absolute Ruhe, wenn wir eine Sportübertragung im Fernsehen sehen. Weiters sollten Konflikte aller Art von uns ferngehalten werden. Schulprobleme der Kinder, Wasserrohrbrüche, verstopfte Waschmaschinen, erhöhte Kreditzinsen und Teuerungen auf dem Konsumsektor sind Kleinigkeiten, mit denen man uns nicht behelligen sollte. Dann sind wir zufrieden, dann fühlen wir uns wohl.
Wir Männer stellen eben ganz bescheidene Ansprüche an das Leben!

Was unserem Körper guttut: Gesunde Ernährung

„Gesund ist, was schmeckt“ klingt zwar verlockend, stimmt aber nicht. Unsere Kinder hätten dann wohl sämtliche Mangelerscheinungen erlitten, wenn wir sie in ihrer Pommes-frites- und Ketchup-Zeit so essen hätten lassen, wie sie es wollten.

Auch wir haben sicher in den letzten Jahren trotz aller guten Vorsätze nicht immer das Gesündeste gegessen. Firmenkantinen sind nur in lobenswerten Ausnahmen Stätten der vernünftigen Ernährung. Und dann noch all die ungesunden, schnellen Snacks zwischendurch, wenn wir keine Zeit für ein richtiges Essen hatten! Die Wurstsemmeln, die Fertigpizzas beim Stand gegenüber, die schnell satt machenden Süßigkeiten, die uns zwar für den Augenblick die Illusion von Sättigung und Energie geben, danach aber den Blutzuckerspiegel ins Bodenlose fallen lassen.

Jetzt haben wir Zeit – die dazugehörige Vernunft hätten wir ja schon lange – und Muße zu überlegen, was unserem Körper guttut und wie wir es zubereiten können, damit es schmeckt. Wie bei allen Dingen im Leben ist Wissen Macht. Also eignen wir es uns an, informieren wir uns, was in den Nahrungsmitteln steckt, was sie können und bewirken.

Die Kraft der Gewürzkräuter

Beginnen wir mit den kleinsten, aber wichtigsten Dingen in unserer Küche: den Gewürzkräutern. Richtig verwendet geben sie dem Essen nicht nur köstlichen Geschmack, sondern können sogar Krankheiten vorbeugen.

- Thymian, zum Beispiel, ist ein Antibiotikum und hilft gegen Erkältungskrankheiten.
- Rosmarin ist die pflanzliche Schutzpolizei gegen Leber- und Gallenbeschwerden.
- Salbei wirkt ausgleichend bei zu fetten Speisen und reguliert den Magen.
- Paprika und Petersilie haben einen hohen Vitamin-C-Gehalt, sie reinigen – ebenso wie der in Suppe und Salat köstlich schmeckende Kerbel – den Körper von Giftstoffen.
- Verwenden Sie lieber mehr Schnittlauch als zuviel Salz – mit ihm bestreute Gerichte sind auch optisch ein Genuß!
- Bohnenkraut ist ein echter Pfefferersatz.
- Majoran lindert Verdauungsbeschwerden und hilft bei Nervosität. Der französische Kräuterpapst Maurice Mességué empfiehlt ihn in jeder Form: in der Küche als Gewürz, als Tee zur Beruhigung abends vor dem Schlafengehen und als Inhalation bei Schnupfen. Sänger, die an Stimmproblemen leiden, sollten Majorantee mit einem Löffel Honig trinken.
- Experimentieren Sie mit Kräutern und Gewürzen!

Nur weil Sie Ihr Leben lang ein Gericht auf eine bestimmte Weise zubereitet haben, ist das kein Grund, es nicht einmal mit neuen Geschmacksvarianten zu probieren!

Lassen Sie auch beim Kochen Ihre Kreativität spielen!

Beweglich bleiben – das sollte auch auf kulinarischem Gebiet unser Motto sein!
Sie haben jahrelang für eine ganze Familie gekocht, gut und so gesund wie möglich – vor allem mußte es aber praktisch und zweckmäßig sein. Denn besonders als die Kinder größer wurden, zu verschiedenen Zeiten von der Schule heimkamen, abends noch mal schnell wegwollten, während ihr Vater später vom Büro eintraf, da ging es vor allem darum, etwas auf dem Herd zu haben, das sich wieder aufwärmen ließ. Ganz abgesehen davon, daß kaum zwei Leute im Familienclan dieselben Vorlieben hatten. Die Menüs waren also ein ständiger Balanceakt, alle zufriedenzustellen. Kompromisse bestimmten die Speisekarte.
Diese Zeiten sind nun vorbei. Sie sind jetzt allein/allein zu zweit, nun können Sie Ihre ganze Kreativität spielen lassen!

Genießen Sie Kochen und Essen mit allen Sinnen – mit Augen, Nase und Geschmack!

Ziehen Sie Ihre eigenen Kräuter im Garten, auf dem Balkon oder dem Küchenfenster. Schon allein der Geruch frischen Kerbels oder der köstlichen Zitronenmelisse regt die Phantasie des Küchenchefs zu Höhenflügen an.

Ärzte empfehlen Knoblauch

Apropos Geruch: Sollten Sie nicht gerade ein ausgesprochener Knoblauchgegner sein – was schon wegen seines gesundheitlichen Wertes schade wäre –, dann verwenden Sie ihn jetzt reichlich!
Der Kärntner Arzt Dr. Ulf Böhmig berichtet von einem Experiment zweier Wissenschaftler, bei denen die Arterienverkalkung von mit Knoblauch gefütterten Kaninchen um fünfzig Prozent geringer war als bei ihren Artgenossen, die dasselbe Futter, aber keinen Knoblauch bekamen! Er empfiehlt Knoblauch zur Senkung der Blutfette und des Cholesterins, zur Erweiterung der Gefäße – besonders in den Beinen –, seiner heilsamen Wirkung auf den Darm wegen und zur allgemeinen Kräftigung. Er rät zu einer richtigen Knoblauchkur:

- Ein paar Wochen lang täglich zwei bis drei Knoblauchzehen mit etwas Milch oder fein gehackt auf Brot über den Tag verteilt zu sich nehmen. Zur Vorbeugung kann man auch nur eine Wochenendkur – von Samstag früh bis Sonntag abend – machen. Durch vermehrte Körperpflege, das Kauen von Kerbel, Petersilie oder Kaffeebohnen, durch Thymian und Pfefferminze kann man dem Geruch, der sich sanft um einen ausbreitet, die Spitze nehmen.

Auch Maurice Mességué gerät wie alle Naturheilkundigen beim Empfehlen des Knoblauchs in wahre Begeisterung. Er zitiert einen Ausspruch seines Vaters, demzufolge es keinen Tag ohne Knoblauch geben dürfe, denn er sei ein genauso wichtiges Nahrungsmittel wie Brot! Und er nennt ihn den besten Freund des Kreislaufsystems, weil er den Blutdruck senkt und damit eine der Hauptursachen von Schlaganfällen und Infarkten bekämpft.

Setzen Sie Gemüse und Obst auf Ihren Speiseplan!

Im Golden Age leben wir bewußter – tun wir das also auch beim Kochen und Essen! Wenn bisher sehr viel Fleisch Ihren Speiseplan bestimmte, versuchen Sie langsam mehr Gemüse in die Menüs einzuschleusen. Sie müssen nicht gleich zum Vegetarier werden – aber denken Sie daran, wieviel teure – und oft gar nicht so wirkungsvolle – Vitaminpräparate Sie durch viele Gemüsesorten ersetzen können!

- Kohl, zum Beispiel, eine der ältesten Gemüsesorten der Welt, ist ein preiswerter Vitaminspender. In der Naturmedizin sagt man ihm nach, daß er, schonend gedünstet, sogar Magengeschwüre verhindern kann. Der berühmte Kapitän Cook verlor auf einer seiner legendären Seereisen, die immerhin drei Jahre dauerte, nicht einen einzigen Mann seiner Besatzung. Zu seinem Proviant gehörte nämlich eine Riesenladung Kohl!

- In der Roten Rübe stecken Stoffe, die Entwicklung und Vermehrung von Bakterien im Körper verhindern.
- Zwiebeln wirken blutreinigend und desinfizierend. Schon im Mittelalter wurden sie zum Schutz gegen Seuchen gegessen.
- Paprika, mit seinem hohen Vitamin-C-Gehalt, wurde in der Volksmedizin als Mittel gegen Altersleiden verwendet.
- Kartoffeln sind zu Unrecht als Dickmacher verschrien. Es kommt nur auf die richtige Zubereitung an: Kochen Sie sie mit der Schale, dann bleibt viel von ihrem Vitamin-C-Gehalt erhalten.
- Blumenkohl ist reich an Ballaststoffen und bringt uns das sehr wichtige Vitamin K auf den Teller, das für die Wundheilung notwendig ist.
- Hülsenfrüchte enthalten Kalium, Magnesium, Phosphor und verschiedene Formen von Vitamin B.
- Sauerkraut, roh gegessen, ist ein natürlicher Schlankmacher, gedünstet bewirkt seine Milchsäure, daß sogar der fetteste Schweinsbraten, den man dazu genießt, leichter zu verdauen ist.

Daß Obst gesund ist und der Figur guttut, wissen wir.

- Eine besonders schlank machende Wirkung schreibt Mességué den Erdbeeren zu: Genau das Gewicht, das man von dieser Frucht ißt, hat man am nächsten Tag weniger! Das hält natürlich nicht an und hängt mit der entwässernden Wirkung zusammen – aber das allein ist schon gesund, und der Blick auf die Waage macht fröhlich! Und auch wenn man tags darauf wieder sein altes Gewicht hat – den Erdbeeren kann man wenigstens das nicht nachsagen, was für Süßigkeiten gilt: fünf Sekunden im Mund, fünf Jahre auf den Hüften!

> Hüten wir uns vor fanatischem Schlankheitswahn – der in jedem Alter gefährlich ist, in unserem aber zusätzlich unbequem und lächerlich!

Schlemmen Sie ruhig – aber mit Vernunft!

Die Zeiten des sinnlosen Hungerns, als wir vielleicht noch wie die legendäre Bohnenstange Twiggy aussehen wollten, sind vorbei. Haben Sie übrigens schon mal ein Foto gesehen, wie Twiggy heute aussieht? Ganz normalgewichtig wie du und ich – und eigentlich viel hübscher als damals. Wir müssen nicht völlern, aber wir dürfen ruhig schlemmen, mit ein bißchen Vernunft im Hinterkopf und gesunden Köstlichkeiten auf dem Teller.
Und sollten Sie zu den fröhlichen Dicken gehören, die sich mit ihrem Gewicht so wohl fühlen, daß nicht einmal der Arzt Einwände dagegen hat, dann bleiben Sie rund und gesund! Selbstbewußte, zufriedene Rundliche sind ein erfreulicherer Anblick als vergrämte Dünne, die sich jeden Genuß versagen. Und was die Beweglichkeit betrifft, sind sportliche Dicke oft ein Wunder an Fitneß.

Ich war einmal in einem Aerobic-Kurs mit neun Frauen, von denen acht schlank und sportlich aussahen, eine wog rund achtzig Kilo. Und in jeder Stunde passierte dasselbe: Nach rund dreißig Minuten gab's bei den sogenannten Idealfiguren die ersten Ausfälle. Keuchend blieben sie stehen, während unser Dickerchen munter und ohne Mühe alle Übungen bis zum Ende absolvierte!

Die Erotik des Mahls

Essen ist die Erotik des Alters, heißt es. Nun, ich finde, Essen hat in jedem Lebensalter viel mit Erotik zu tun! Mit dem Unterschied, daß man in der Jugend den übrigen erotischen Dingen mehr Wert beimißt. Die vergessen wir zwar jetzt auch keineswegs – aber als zusätzliche Variante wollen wir doch den Genuß der Köstlichkeiten an einem gedeckten Tisch kultivieren. An einem schön gedeckten Tisch zu einem Diner à deux! Decken Sie mit dem Geschirr, das Sie sonst nur zu besonderen Anlässen verwenden – ein Essen mit Ihrem Partner ist ein besonderer Anlaß!
Probieren Sie aus, auch einmal zu zweit zu kochen. Wer da wen mit einbezieht, hängt von der Rollenverteilung ab. Es gibt Männer, die begnadete und einfallsreiche Köche sind und ihre Partnerin nur zu Hilfsdiensten wie dem Zureichen des Schöpflöffels brauchen und umgekehrt.
Wer den Küchenjungen spielt, ist egal – der gemeinsame Schöpfungsakt einer lukullischen Kreation ist bereits ein Vorspiel zur Erotik des Mahles!

Ein Glas Wein zur Abrundung des Genusses

Wenn Sie nicht gerade strikter Antialkoholiker sind, dann gehört zur Abrundung des totalen Genusses zum Essen durchaus Wein oder Bier. Ein Gulasch ohne ein Glas herrlich kühles Bier ist nur eine halbe Sache. Bier wird übrigens wegen seines Hefegehaltes und damit dem Vitamin B schon lange von Ärzten als Nervenstärkung empfohlen. Aber in den letzten Jahren haben auch immer mehr Mediziner das tägliche Glas Wein auf die Liste ihrer Gesundheitsrezepte gesetzt.

Dr. Nicolai Worm hat ein Buch darüber geschrieben: „Täglich Wein". Er rät darin zu mäßigem, aber regelmäßigem Weinkonsum:

- Als positive Wirkungen nennt er den günstigen Einfluß auf das Herz und das Kreislaufsystem, den Cholesterinstoffwechsel und die verbesserten Blutfließ- und Blutgerinnungseigenschaften. Da Wein auch die Östrogenkonzentration steigert, kann er Osteoporose-gefährdeten Frauen helfen.

Nicolai Worm ist ein im gesamten deutschen Sprachraum bekannter Ernährungswissenschaftler und preist die positive Wirkung des Weins gerade auch für ältere Menschen:

- Wenn die Verdauungsorgane über zu wenig Magensäure verfügen, dann ist Wein mit seinem natürlichen Gehalt an Säure, die in der Stärke den Magensäften sehr nahe kommt, äußerst hilfreich. Säurebetonter Weißwein komplementiert die Verhältnisse im Magen.

Sehr logisch erscheint auch die These dieses Fachmanns über das verbreitete Volksleiden der Verstopfung:

- Die Ursache liegt nicht allein an dem Mangel an Ballaststoffen, auch die angespannte Psyche spielt da eine Rolle. Er erinnert an die alte Volksweisheit, daß hier ein paar Gläschen Wein helfen. Und denen gibt er entschieden den Vorzug gegenüber, wie er schreibt, „der furchtlosen Einnahme staubtrockener Weizenkleie oder grauenerregender Fruchtwürfel".
- Zwei bis drei Glas Wein für die Dame, drei bis vier für den Herrn, vorzugsweise zum Essen, ist laut Dr. Worm die optimale tägliche Dosis. Und er stellt die provokante Frage, ob wir nicht vielleicht bald einmal auf Krankenschein an unserem Weinglas nippen werden.

Bausteinsystem für die ideale Ernährung über fünfzig

Die österreichische Ernährungsberaterin Claudia Horacek hat ein faszinierendes Bausteinsystem für die ideale Ernährung über fünfzig zusammengestellt.
Das Prinzip besteht aus Grundbausteinen, von denen man mehr essen sollte, aus Mittelbausteinen, von denen weniger essen mehr Gesundheit bedeutet, und aus Genußbausteinen, die für das lustbetonte Essen gelten.

Die Grundbausteine

- Der erste Grundbaustein ist Wasser. Der menschliche

Körper besteht zu mehr als sechzig Prozent daraus, und es erfüllt lebensnotwendige Funktionen. Als Hauptbestandteil des Blutes transportiert es Nährstoffe vom Darm zu den jeweiligen Zielorganen, Abbauprodukte werden über die Nieren mit Hilfe von Wasser ausgeschieden. Es schützt den Körper vor Temperaturschwankungen und durch Schwitzen vor Überhitzung. Die eineinhalb bis zweieinhalb Liter Tagesmenge kalorienarmer Getränke schaffen Sie leicht, wenn Sie bei jeder Mahlzeit etwas trinken.

- Der zweite Grundbaustein ist Obst, wichtig wegen seiner wertvollen Vitamine und Mineralstoffe. Essen Sie mit der Jahreszeit: Erdbeeren zur Erdbeerzeit, Aprikosen, Birnen, Pfirsiche in den Sommermonaten, wenn sie reif und frisch auf dem Markt zu finden sind. Weintrauben, Zwetschken, Nüsse und Maroni im Herbst. Mandarinen, Orangen, Winteräpfel und Winterbirnen sorgen im Winter für die nötige Vitaminzufuhr. Ein bis zwei Stück (oder ca. zweihundert Gramm) sollten es täglich sein.
- Der dritte Grundbaustein ist Gemüse. Mindestens zweihundert Gramm und eine Portion Salat sollten Sie von diesem Baustein pro Tag zu sich nehmen. Ballaststoffe, Vitamine und Mineralstoffe sind auch in dieser Lebensmittelgruppe das große Plus! Auch beim Grundbaustein Gemüse gilt: Achten Sie auf Vielfalt und Abwechslung durch Saisongemüse! Richten Sie den Speiseplan nach dem Gemüseangebot auf den Märkten aus. Obst und Gemüse sollten sowohl in frischer, roher Form als auch schonend zubereitet mehr-

mals täglich auf dem Speisezettel stehen! Ihr reicher Gehalt an Vitamin C stellt eine wichtige Funktion für das Immunsystem und den Aufbau von Knochen und Bindegewebe dar. Die darin enthaltenen B-Vitamine regulieren die Energiegewinnung aus Kohlehydraten, sorgen für eine optimale geistige und körperliche Leistungsfähigkeit und beeinflussen das Zellwachstum und den Eiweißstoffwechsel.

- Der Grundbaustein Getreide und Getreideprodukte besteht aus Brot, Gebäck, Getreideflocken und Müslis und hat viele gute Seiten. Getreideprodukte enthalten einen hohen Stärke- und Ballaststoffanteil, ein Zehntel Eiweiß und wenig Fett, liefern B-Vitamine und Vitamin E, das in Streßsituationen durch Umwelteinflüsse zellschützend wirkt. Mineralstoffe, wie Magnesium und Kalium, findet man vor allem in Vollkorn und Vollkornprodukten, auch Eisen ist darin enthalten. Daher sollten Getreideprodukte das Fundament Ihrer Ernährung bilden: täglich fünf Scheiben Brot, zusätzlich eine Portion Reis oder Nudeln (Trockengewicht etwa fünfundsiebzig Gramm) oder etwa vier Stück mittelgroße Kartoffeln.

  Bei der Auswahl von Getreideprodukten sollte Vollkorn der Vorzug gegeben werden. Es ist aber keineswegs notwendig, sämtliche Getreideerzeugnisse wie Brot, Nudeln oder Reis durch ihre Vollkornvarianten zu ersetzen – wählen Sie die Produkte nach Ihren persönlichen Vorlieben aus.
- Der Grundbaustein „Beilagen“ ist ein wertvoller Sattmacher. Kartoffeln, Hülsenfrüchte, Reis, Nudeln und

Co. haben reichlich Kohlehydrate, Ballaststoffe und Vitamine, dafür wenig Fett und Cholesterin.

- Der letzte Grundbaustein besteht aus mageren Milchprodukten. Buttermilch, Sauermilch, Joghurt und Topfen liefern hochwertiges Eiweiß und wertvolle Inhaltsstoffe. Planen Sie täglich einen Viertel- bis einen halben Liter fettarme Milchprodukte wie Butter-, Sauermilch oder Joghurt ein, um die Kalziumversorgung zu gewährleisten.

Die Mittelbausteine

- Zu den Mittelbausteinen gehört Fleisch. Maximal zwei- bis dreimal pro Woche sollte Fleisch auf dem Teller sein. Eine Portionsgröße von hundertzwanzig Gramm ist ausreichend, um uns mit Vitamin A, Vitaminen der B-Gruppe, Eisen und hochwertigem Eiweiß zu versorgen. Zuviel davon bringt zuviel Fett und Cholesterin.
- Im Mittelbaustein Wurst und Käse sind viele Fette versteckt. Verwenden Sie diese Lebensmittelgruppe sparsam! Dazu ein Tip von Claudia Horacek: Wurst und Käse immer sehr dünn aufschneiden lassen – so wird weniger davon gegessen! Ihre Empfehlung lautet: dreimal wöchentlich fünfzig Gramm Wurst und täglich zwei Scheiben Käse. Wurst sollte manchmal durch Schinken ersetzt werden, fetter Käse durch magere Sorten und Topfenaufstriche. Eine dicke Scheibe Brot mit wenig Wurst oder Käse und viel frischem Gemüse darauf ist die ideale Kombination!

- Mittelbaustein Eier: Sie sind kleine Cholesterinbomben! Das Frühstücksei und andere Eigerichte sollten daher nur selten gegessen werden, denn in vielen Speisen (Mehlspeisen und Desserts) sind Eier bereits in großer Menge versteckt! Nicht mehr als drei Stück sollten pro Woche auf dem Speiseplan stehen!
- Mittelbaustein Fisch: Meeresfische spielen in der Vorbeugung und Therapie von Herz-Kreislauf-Erkrankungen eine wichtige Rolle. Seefisch enthält Jod, das die Schilddrüse zur Hormonproduktion benötigt, und wertvolle Fettsäuren, die auf Blutdruck und Blutfette positiv wirken. Also: Ein bis zwei Fischmahlzeiten pro Woche einplanen! Fisch statt Fleisch ist die Devise!

Die Genußbausteine

- Und nun zu den Genußbausteinen, ohne die uns das Essen keinen Spaß machen würde! Das sind Süßigkeiten, Mehlspeisen, Knabbergebäck, zuckerreiche oder alkoholische Getränke, die Claudia Horacek keineswegs verteufelt! Ein richtiger, wohldosierter Umgang mit diesen Genußbausteinen versüßt das Leben, sagt sie. Entscheidend für Gesundheit und Wohlbefinden sind nur die richtigen Mengenverhältnisse! Ihr Tip:
- Richtig essen heißt, alle Essenbausteine in richtiger Proportion – ein Mehr bei den Grundbausteinen, ein Weniger bei den Mittel- und Genußbausteinen. Nichts

ist gesund, nichts ist ungesund – entscheidend sind die richtigen Bausteinverhältnisse!

Wenn Sie Spaß am Essen haben wollen, lernen Sie noch einmal kochen!

Gehen Sie auf kulinarische Entdeckungsreisen!

Das klingt vielleicht ein wenig absurd in unserem Alter, denn schließlich haben wir ein Leben lang täglich Mahlzeiten zubereitet. Aber jetzt haben wir Zeit und Lust, uns auf neue Gebiete zu wagen. Reisen wir mit unserer Phantasie und mit Kochbüchern in andere Länder. Schmökern Sie in Buchhandlungen in den vielfältigen Angeboten internationaler Kochbücher, die gleichzeitig die Kulturgeschichte dieser Länder erzählen.
Wie wär's mit italienischer Küche, den herrlich duftenden Gewürzen, den vielfältigen Nudel- und Risottovariationen, den köstlichen Desserts? Und auch die zu Unrecht oft mißachtete englische Küche ist eine kulinarische Reise durch britische Rezepte wert: Wie man richtig Roastbeef zubereitet, lernt man nur hier, und auch der dazu passende Yorkshire-Pudding lohnt durchaus einen Versuch.
Kaufen Sie sich einen Wok, die große Pfanne der Chinesen, in der sich herrlich exotische Gerichte garen lassen, oder probieren Sie die vielfältigen Fondues der Schweizer Küche aus – übrigens ein höchst kommunikationsförderndes Essen, bei dem man auch Zeit hat, sich zu

unterhalten, während die Fleischstücke, der Käse, das Brot – oder als süße Variante das Obst – im Fonduetopf brodeln.
Und wenn Sie dann in Ihrer eigenen Küche weit genug gereist sind, begeben Sie sich wirklich auf große Fahrt in all die Gegenden, die Sie schon immer in Ruhe sehen wollten!

Sie

Ich gebe zu, es ist ungerecht. Am Anfang, wenn wir einen neuen Partner beeindrucken wollen, dann tun wir das, neben anderen Dingen, auch mit unseren Kochkünsten. Und sollten die zu diesem Zeitpunkt noch nicht vorhanden sein, dann borgen wir uns Kochbücher von Freundinnen aus, studieren Illustriertenrezepte, interviewen Mütter, Großmütter und Tanten. Um „ihm" zu beweisen, daß wir das Superweib schlechthin sind, verzichten wir auf Dosen und Tiefgekühltes, ziehen unseren eigenen Strudelteig über dem Küchentisch und produzieren selbstgemachte Nudeln.
In der ersten Zeit des Zusammenlebens kommen nur seine Lieblingsspeisen auf den Tisch – und wenn wir dazu die Mittagspause opfern, um auf dem eine halbe Fahrstunde entfernten Markt exotisches Gemüse zu kaufen, und am Abend olympiareife Kurzstreckenläufe hinlegen, um noch vor Geschäftsschluß im Supermarkt den richtigen Käse für sein Cordon bleu in den Einkaufswagen zu packen. Wobei es auch in dieser Hochphase kulinarischen Glücks leichte Verstimmungen geben kann, wenn er grüblerisch nach dem ersten Bissen sagt: „Meine Mutter hat das Rotkraut immer anders gemacht." Da seine Mutter tot ist und seine Schwester behauptet, es hätte zu Hause nie Rotkraut gegeben, ließe sich diese Frage höchstens durch eine spiritistische Séance klären. Was ich nie versucht habe, darum gibt es diese Rotkraut-Diskussion auch noch heute, nach dreißig Jahren. Und dann – und damit beginnt der anfangs erwähnten

Ungerechtigkeit erster Teil – kommen die Kinder und ihre Essensvorlieben, und er rückt an zweite Stelle. Wenn das eine Kind nur durch Kartoffelpüree und das andere nur durch Spaghetti zur Nahrungsaufnahme zu bewegen ist, dann gibt es eben am Familientisch Püree und Spaghetti.

Eines Tages endlich muß man sich nicht mehr nach den Kindern richten. Sie entwickeln ihre eigenen Nahrungsvorlieben, die aus den skurrilsten Diäten bestehen – sieben Tage verschiedene Körner –, was sie übrigens zu solchen Bauchschmerzen bringt, daß man wiederum nur Püree für sie kochen kann. Aber im Grunde sind sie unabhängig vom mütterlichen Tisch. Nun wäre „er" wieder dran – und da tritt Ungerechtigkeit Nummer zwei in Kraft!

Jetzt ist nämlich genau der Zeitpunkt, wo man an sich selbst – und an ihm – ein paar Kilo und ein paar Wehwehchen zuviel entdeckt. Also geht man ganz auf gesunde Küche, Rohkost, salzarm, fettarm, fleischarm, süßarm und was man sonst noch alles an Armut in der einschlägigen Literatur findet, über.

Mag er das auch als Anschlag auf seine Lebenslust betrachten – man tut sich diese mühselige Art der Kocherei schließlich nur für einen Menschen an, für ihn, den Mann, den man liebt! Und den man möglichst lange an seiner Seite haben will. Er dankt es einem mit schmerzlichen Blicken auf den Teller und der Frage: „Was soll das sein?"

Aber tief in meinem Inneren weiß ich, daß er tief in seinem Inneren dankbar dafür ist. Er kann es nur nicht richtig ausdrücken!

Er

Haben Sie schon einmal einen weißgrauen Würfel in einer wäßrigen Sauce neben zwei blaßgrünen Dingern, die nur ein studierter Biologe nach eingehender Untersuchung als Spinat, Kochsalat oder Broccoli definieren könnte, vor sich auf dem Teller gehabt? Sie sagt, es ist Tofu, mit viel Vitaminen dazu, ich sage resigniert „Danke" und füttere damit die Hunde unter dem Tisch. Glücklicherweise haben wir zwei Hunde! Die beiden Katzen verweigern schlauerweise diese Leckerbissen. Was ich nicht wage, denn dann folgt unweigerlich ein Vortrag meiner sogenannten besseren Hälfte über die Vermeidung von Rheuma, Arthritis, Herzinfarkt und sämtlichen anderen Krankheiten, die nur durch gesundes Essen abzuwenden sind!

Sie hat das alles irgendwo gelesen, und manchmal sehne ich mich nach jenen Zeiten zurück, in denen Lesen und Schreiben für Frauen tabu war!

Nach den weißgrauen Würfeln und den grünen Dingern sage ich dann – mich ganz auf ihre Gesundheitslinie einstellend –, daß ich nun viel frische Luft brauche. Bewegung gehört zu gesundem Essen. Und die Hunde brauchen schließlich auch ihren Auslauf. Das ist für mich so etwas wie ein Ausreisevisum. Würde ich allein gehen, würde sie mich glatt verdächtigen, das nächste Wirtshaus aufzusuchen. Ich stehe also auf – die Hunde wedeln freudig. Sie haben auch allen Grund zum Wedeln: Sie bekommen genügend Fleisch – manchmal zwar aus Dosen, aber selbst darum beneide ich sie, es

sieht so lecker und kräftig aus. Und dann ziehen wir drei los.
„Lauft schön", ruft uns meine Frau nach – und das tun wir. So schnell es geht in das nette Lokal drei Ecken weiter. Dort finde ich nicht nur einen herrlichen Schweinsbraten mit Knödeln, sondern auch viele Nachbarn von mir, Männer, die von ihren Frauen gesund ernährt werden und die nun genüßlich bei Bier und Braten sitzen.
Wir sind alle unseren Frauen sehr dankbar, daß sie so auf unser Wohlergehen achten, und bevor wir von unserem Abendspaziergang heimkehren, trinken wir noch ein letztes Viertel Wein und bringen einen Toast auf sie aus!
Neulich allerdings, da zwickte es mich in der Früh – oben rechts in der linken Schulter! Das erste Anzeichen von Rheumatismus? Ich geriet in leichte Panik. Ich muß gesünder ernährt werden! Von meiner Frau natürlich, wer denn sonst ist für mein Wohlergehen verantwortlich? Ich besorgte mir die nötigen Unterlagen über gesunde Ernährung, studierte alles durch, machte Notizen und übergab diese dann der Partnerin an meiner Seite, die gefälligst zu vermeiden hat, daß es mich irgendwo zwickt! Sie las den Zettel und sah mich dann fragend an: „Tofu? Gemüse?"
„Es mag dir neu sein", sagte ich mit aller gebotener Geduld. „Aber Essen dieser Art verhindert Krankheiten. Wenn du mich also noch eine Weile gesund und munter an deiner Seite haben willst, dann sorge bitte dafür, daß diese Dinge auf unseren Speisezettel kommen!"
Warum sie danach etwas außer Fassung geriet, kann ich mir nicht erklären!

Auf Reisen im „Golden Age“

91 Millionen der über 55jährigen Europäer absolvieren 192 Millionen Reisen, davon 45 Millionen ins Ausland.

50 Prozent aller Auslandsseniorenreisen werden von Fünfundfünfzig- bis Vierundsechzigjährigen unternommen. Die Deutschen sind, gefolgt von den Engländern, Franzosen und Spaniern, die reisefreudigste Nation im reiferen Alter.

Spanien, Österreich und Frankreich sind die beliebtesten Ziele der beweglichen Generation. Und da viele dieser Reisenden nicht mehr an die Urlaubszeiten ihrer Arbeitsstelle gebunden sind, fahren sie in den besten Monaten – dann, wenn die Strände und Hotels nicht mehr überfüllt sind, wenn es keine Warteschlangen mehr gibt vor den Sehenswürdigkeiten und Museen und die Einheimischen Zeit und Ruhe für ihre Gäste haben: im September und Oktober. An erster Stelle ihrer Urlaubswünsche steht die Erholung, gefolgt von Wanderurlauben, Kultur- und Gesundheitsaufenthalten. Und – dafür müßte uns die überall krisengeschüttelte Touristikbranche lieben – wir wohnen gerne gut! Zwei Drittel der älteren Reisenden bevorzugen Hotels mit Luxus und Komfort. Auch bei den Nebenausgaben, wie Transporten, Dienstleistungen und Einkäufen, sind wir großzügig und geben mehr aus als junge Reisende.

Reisen steht in der Hitliste der beliebtesten Hobbys des

Golden Age an oberster Stelle. Rund 54 Prozent der Sechzig- bis Neunundsechzigjährigen machen mindestens eine Urlaubsreise pro Jahr (Quelle: TAO Beratung und Management).
1980 betrug in Österreich der Anteil von Personen über sechzig Jahren, die eine interkontinentale Fernreise in ein Entwicklungsland antraten, rund fünf Prozent, 1995 fuhren bereits 15 Prozent in diese Regionen, und der Trend ist steigend.

Neues Freizeitverhalten

Alle diese statistischen Daten zeigen, wie sehr sich das Freizeitverhalten unserer Generation geändert hat. Meine Großmutter pflegte noch zu sagen: „Reisen ist etwas für junge Leute. Die sollen die Welt kennenlernen. Unsereins hat ja schon alles gesehen, was nötig ist." Und wenn sie verreiste – zweimal im Jahr zu ihren Kindern, die in anderen Städten lebten –, dann fuhr sie „auf Besuch".
Reisen um des Reisens willen wäre ihr nie in den Sinn gekommen. Und Urlaub war etwas für diejenigen, die noch im Beruf standen. Pensionisten wie sie hatten ohnehin das ganze Jahr Urlaub, war ihre unverrückbare Meinung. Wobei meine Großmutter, wie die meisten Frauen ihrer Zeit, Ferien in unserem Sinn ohnehin nie gekannt hatte. Sie fuhr auf „Sommerfrische", was bedeutete, den halben Haushalt einzupacken, in einem kleinen, gemieteten Häuschen oder ein paar Zimmern am Lande sofort wieder alles so funktionieren

zu lassen, wie es die Familie von zu Hause gewöhnt war: mit drei Mahlzeiten am Tag, Waschen, Bügeln und Putzen.

Wir fuhren schon komfortabler auf Urlaub, und die Ferien mit den Kindern gehören zu den schönsten Erinnerungen – vor allem, wenn wir sie heute auf den Fotos betrachten, die wir, mit Jahreszahlen, Ortsangaben und launigen Bemerkungen versehen, ins Album geklebt haben. Bei aller Liebe – aber stressig waren diese Tage allemal. Mit einem quengelnden Kleinkind, auf seinen Hochsitz im Restaurant geschnallt, das seine Abneigung gegen die Restaurantküche durch Gebrüll und eine erstaunliche Leistung von Weitspucken der Nahrung kundtat.

Oder als die Sprößlinge dann im Teenageralter waren, die Eltern sich – auf gut österreichisch gesagt – „einen Haxn ausreißen konnten", um für ihre Unterhaltung zu sorgen, sie einen aber trotzdem den ganzen Urlaub hindurch mit dem leidenden Ausdruck eines Strafgefangenen betrachteten, der auf baldige Amnestie hofft. Weil der Freund/die Freundin an einem anderen Verbannungsort mit gnadenlosen Eltern der Erlösung harrte, weil es an dem Ferienort keine Discos, sondern nur alte Kirchen gab und kein Kabel-TV.

Diese Zeiten sind nun vorbei. Mögen wir ihnen auch das eine oder andere nostalgische Tränchen nachweinen – jetzt reisen wir, wie es uns gefällt, und dorthin, wohin wir schon immer mal wollten!

Wenn Sie nicht selbst planen wollen: die Gruppenreise

Sind Sie ein Typ, der Bequemlichkeit schätzt und nicht jedes Detail selbst planen möchte, dann sind Gruppenreisen für Sie sicher ideal!

Bis zum letzten Museumsbesuch, bis zum kollektiven Rundgang in der Spitzenklöpplerei und der Keramikfabrik ist alles genau durchorganisiert. Sie marschieren hinter einer Reiseführerin her, die vorzugsweise einen bunten Regenschirm hochhält wie ein Lanzenreiter seine Waffe, ihre Schäfchen auf diese Weise herdenmäßig im Griff hat und alle historischen Daten des jeweiligen Ortes kennt. Der einzige Streß dieser Urlaubsart besteht darin, daß Sie ständig die Uhr im Auge haben müssen, um die Abfahrt der Ausflugsbusse oder Schiffe nicht zu verpassen.

Ich werde nie den Blick von fünfzig Augenpaaren vergessen, als mein Mann und ich bei einem Gruppenausflug auf den Vesuv die letzte Seilbahn hinunter ins Tal und zur Autobusstation versäumten, weil er noch unbedingt ein paar kleine Eruptionen des Vulkans (die später auf dem Foto überhaupt nicht zu sehen waren) ablichten wollte. Nur mittels eines großzügigen Trinkgelds konnten wir den Angestellten der Seilbahn überreden, uns die Nacht auf dem Vulkan zu ersparen. Sie hätte nicht schlimmer sein können als der abgrundtiefe Haß, der uns von der Gruppe entgegenschlug, die eine halbe Stunde auf uns warten mußte.

Disziplin und Pünktlichkeit ist bei solchen Gemeinschaftsreisen eben das oberste Gebot! Pech ist natürlich auch, wenn die übrigen Mitreisenden, mit denen Sie Tag für Tag, Schulter an Schulter, Ihr Programm absolvieren, laute, larmoyante oder sonstwie unangenehme Reisegenossen sind. Mit denen man als Single womöglich noch ein Doppelbettzimmer teilen muß.

Die Freiheit des Individualreisens

Individualreisende sind da besser dran. Ihre Freiheit entspricht der Freiheit des Golden Age. Der Phantasie für kleine oder große Fahrten sind keine Grenzen gesetzt. Sie können sich zum Beispiel Themenreisen zusammenstellen. Was das heißt?

- Nehmen wir an, Sie interessieren sich für gute Weine. Dann stellen Sie sich eine Route zusammen, an der Sie Ihre Lieblingsrebensäfte an ihrem Ursprungsort kennenlernen, egal, ob das die Toskana, Bordeaux, die Wachau, die Steiermark oder die Gebiete um den Rhein sind.
- Sie sind fasziniert vom Töpferhandwerk, von der Lebensgeschichte berühmter historischer Persönlichkeiten? Folgen Sie Reisestation für Reisestation ihren Spuren.
- Die Amerikaner haben diese Art des Reisens schon lange entdeckt. Von uns Österreichern leise belächelt, gibt es „Sound of Music"-Trips, die in Salzburg alle Drehorte dieses Lieblingsfilms der US-Bürger abgrasen.
- Freunde von uns, begeisterte Krimileser und spezielle

Agatha-Christie-Fans, haben eine Schiffsreise auf dem Nil gebucht und diese mit der Lektüre des Romans „Tod auf dem Nil“ absolviert. Und sie berichteten begeistert, daß heute noch alle Details, die Agatha Christie auf dieser Route beschrieben hat, stimmen.

Tips vom Reiseprofi

Aber lassen wir jetzt einen absoluten Profi zu Wort kommen: Schorsch Kirner, Deutschlands beliebtesten Abenteurer! Mit seinen zweiundsechzig Jahren hat er nichts von seiner Entdeckungsfreude verloren, die ihn seit mehr als dreißig Jahren durch die ganze Welt führt und der begeisterte Leser zahlreiche Bücher verdanken, in denen er seine Abenteuer beschreibt.

Er rät allen, die schon immer eine lange Reise unternehmen wollten, aber nicht die Zeit und die Möglichkeit dazu hatten, sich jetzt, wo beides stimmt, durch nichts mehr davon abhalten zu lassen.

Um aber keine Enttäuschungen zu erleben, sollte sich jeder Reiselustige vorher einiges überlegen, und zwar:

- Interessieren mich Berge oder Wasser, will ich wilde Tiere beobachten oder fremde Menschen und Kulturen kennenlernen?
- Habe ich schon Reiseerfahrung – oder noch wenig oder gar keine?
- Wie belastbar bin ich physisch und psychisch? Treibe ich noch regelmäßig Sport, oder bin ich lieber motorisiert unterwegs?

Die nächste wichtige Frage, so Schorsch Kirner, ist:

- Habe ich einen Partner/Partnerin oder gute Freunde, die die gleichen Interessen haben, oder bin ich allein mit meiner Reiselust?

Eine ehrliche Beantwortung entscheidet darüber, ob man sich besser einer organisierten Gruppenreise anschließt, wo man in einen Zeitplan eingebunden ist und auch nicht spontan entscheiden kann, an einem Ort länger zu bleiben oder andere Routen zu wählen. Bei organisierten Reisen sollte man die Angebote der Veranstalter genau prüfen. Viele Unternehmen haben sich auf bestimmte Länder oder Kulturen, Bildungs-, Theater- oder Musikreisen spezialisiert – es ist für jeden Geschmack etwas dabei.

Allerdings sieht manches auf dem Papier besser aus, als es dann in Wirklichkeit ist. Genaue Fragen, vor allem auch nach den Nebenkosten vorher, sind besser als Ärger danach. Aber auch wenn man in der Gruppe reist, sollte sich jeder kritisch fragen, was er sich und seinem Körper zumuten kann. Reisen soll schließlich Spaß machen und nicht Streß erzeugen. Und gerade bei dem exakten Terminplan einer solchen Reise ist es kaum möglich, daß die Gruppe Rücksicht auf den einzelnen nimmt, der das vorgegebene Tempo nicht einhalten kann. Dann ist das Resultat frustrierend, das Geld vergeudet und die Enttäuschung groß.

Fühlt man sich stark und selbständig genug, ist von Natur aus ein Individualist, dann sollte man allein oder mit ein paar Gleichgesinnten auf große Fahrt zu gehen!

- Eine genaue Planung der einzelnen Reisestationen im vorhinein ist das Wichtigste. Ist man noch kein geübter Reiseprofi, so empfiehlt es sich, das erste Mal einen weniger weiten und langen Trip auszuarbeiten, um einmal Erfahrungen zu sammeln. Bei dieser ersten, kurzen Fahrt kann man dann auch feststellen, ob es mit den Freunden, mit denen man die ganze Welt durchstreifen will, überhaupt klappt.

Schorsch Kirner weiß aus Erfahrung, daß man, wenn man Reisen in ferne Länder unternehmen will, zumindest eine Fremdsprache einigermaßen beherrschen sollte.

Es muß nicht der Eingeborenendialekt des südlichen Amazonas sein – Englisch oder Französisch reichen auch. Reist man mit Freunden, dann sollte wenigstens einer aus der Gruppe als Dolmetscher fungieren können.

Gut vorbereitet, hat man die besten Voraussetzungen, unterwegs keine bösen Überraschungen erleben zu müssen – obwohl, wie Schorsch Kirner es immer wieder erlebt, auf einer Reise, auch wenn sie noch so gut ausgearbeitet ist, nicht immer alles glattgeht. Aber auch das gehört zu den Erlebnissen, die man eigentlich nicht missen sollte. Denn genau diese überstandenen Schwierigkeiten sind es, über die man nachher zu Hause am meisten lachen und auf die man oft auch stolz sein kann.

> Wie auch immer Sie reisen, genießen Sie jedes Erlebnis und jeden Tag!

Lassen Sie sich die vielen neuen Eindrücke nicht durch

kleine Pannen verdrießen, bleiben Sie locker, und folgen Sie dem Motto des Profis Kirner: „Carpe diem – nutze den Tag!"

Schorsch Kirner nützt seine Tage: Er ist gerade unterwegs nach Neuguinea, wo er einen Eingeborenenstamm studieren will, der auf Bäumen lebt.

Aber auch er würde nie eine Reise antreten, ohne vorher einen Arzt aufzusuchen, die Gesundheit überprüfen zu lassen, die nötigen Impfungen zu erfragen und sich eine Reiseapotheke für das jeweilige Land zusammenstellen zu lassen.

Fernreisen ohne gesundheitliche Probleme

Universitätsprofessor Dr. Herwig Kollaritsch vom Institut für Spezifische Prophylaxe und Tropenmedizin der Universität Wien empfiehlt bei exotischen Reisezielen, eine entscheidene Frage zu klären: Hält man diese Fernreise gerade eben noch aus, ohne daß man dabei gesundheitliche Probleme hat, oder kann man sie unbeschwert genießen?

Und er hat die vier wichtigsten Punkte zusammengestellt, die beachtet werden sollten:

1. Herz-Kreislauf-Situation, Lungenfunktion

- Fast jeder Mensch über sechzig hat ein sogenanntes Altersempyhsem der Lungen. Dieser Zustand ist an sich unbedenklich. Nur wenn sich diese Lungenblähung so weit ausgewachsen hat, daß die Sauerstoffversorgung des Blutes nicht mehr vollständig ist, bedeutet dies eine Mahnung zur Vorsicht. Wenn man bereits zu Hause Probleme beim Stiegensteigen hat oder bei banalen Anstrengungen keine Luft bekommt, sollte man mit dem Internisten sprechen und vielleicht eine Lungenfunktionsprüfung machen lassen. Wichtig ist dies vor allem für die Flugreise an sich, da der Kabinendruck in modernen Jets etwa einer Seehöhe von 2.500 Metern entspricht.

- Auch der Zustand des Herzens und des Kreislaufs sollte überprüft werden. Wenn eine Angina pectoris vorliegt, die nicht gut eingestellt ist, sind lange Fernreisen zu meiden. Auch Patienten nach einem Herzinfarkt sollten unbedingt klären, ob sie schon wieder voll einsatzfähig sind, ebenso wie man sich nach einem Schlaganfall überlegen muß, was man sich zumuten kann. Bluthochdruck ist, wenn mit Medikamenten richtig behandelt, kein Problem. Nur instabiler Hochdruck verbietet lange Reisen.

2. Organ- und Stoffwechselkrankheiten

Als Faustregel kann hier gelten: Ist eine Organerkrankung oder eine Stoffwechselkrankheit so gut behandelt, daß im Inland nur eine gelegentliche Kontrolle durch den Arzt nötig und eine allgemeine Beeinträchtigung des täglichen Lebens nicht gegeben ist, so wird auch eine Fernreise kein wirkliches Problem darstellen.

Einige Beispiele:

- Der reisende Diabetiker: Ist der Blutzuckerspiegel nur gering erhöht, keine Krisensituation bisher vorgekommen und nimmt der Patient zur Stabilisierung bestenfalls orale Antidiabetika, so kann er uneingeschränkt reisen. Der insulinpflichtige Diabetiker ist von Fernreisen ebenfalls nicht ausgeschlossen, aber er sollte sich unbedingt in einem Diabetikerzentrum schulen lassen, damit er in der Ferne mit seiner Zuckerkrankheit umgehen kann und Probleme wie die Zeitverschiebung, eventuelle Durchfallserkrankungen, ungewohnte Kost und einen anderen Lebensrhythmus unbeschadet übersteht. Diabetikerausweis nicht vergessen!

- Gichtkranke: Für sie besteht die Gefahr, daß bei Fernreisen ein Anfall auftritt – daher Rücksprache mit dem Arzt, was in solchen Fällen zu tun ist.
- Schrittmacherpatienten benötigen unbedingt ihr letztes EKG, wenn sie auf Reisen gehen, und eine Bestätigung für die Flughafensicherheitskontrolle. Es empfiehlt sich auch, das Gerät vor Abreise einer Wartung zu unterziehen, denn leere Batterien kommen nicht nur bei Taschenlampen vor!
- Patienten mit Leberzirrhose und Bauchwassersucht sind ebenso wie Patienten mit stark eingeschränkter Nierenfunktion nicht in der Lage, eine Fernreise anzutreten.
- Bei der Parkinsonschen Krankheit, wenn diese ausgeprägt ist, sollte man nicht in heiße Länder reisen. Durch dieses Leiden ist die Schweißsekretion beeinträchtigt, es kommt zu einem Hitzestau, der bedrohlich sein kann.
- Reisende mit „Ersatzteilen“, die metallisch sind, soll-

ten einen entsprechenden Arztbrief (am besten auf englisch) mithaben, in dem das Leiden erklärt und auf die Metallnatur des Implantates hingewiesen wird – sonst kann es bei der Flughafensicherheitskontrolle Schwierigkeiten geben.

3. Reisethrombose

Jeder sollte sich darüber im klaren sein, daß eine längere Flugreise eine gewisse Gefährdung für die Ausbildung von Gefäßverstopfungen in sich birgt: Langes, unbewegliches Sitzen, wenig Flüssigkeitszufuhr bei gleichzeitig sehr trockener Luft im Flugzeug bedeutet – und fast jeder merkt das an den angeschwollenen Beinen beim Aussteigen –, daß der Blutabtransport aus den Beinvenen beeinträchtigt ist.

- Also: Während des Fluges immer wieder aufstehen und Bewegungsübungen machen, viel trinken – für zehn Stunden Flug mindestens zwei Liter –, aber natürlich keinen Alkohol, und nicht rauchen. Wer schon einmal eine Thrombose gehabt hat, sollte mit dem Arzt Rücksprache pflegen, ob nicht eine Verschreibung gerinnungshemmender Medikamente sinnvoll sein könnte.

4. Impfungen und Vorbeugemaßnahmen

Leider nehmen gerade ältere Reisende die Vorsorgeimpfungen für Fernreisen nicht immer ernst. Dabei sollte man sich vor Augen führen, daß der Alterungsprozeß auch nicht vor dem Immunsystem haltmacht. Spezifische Impfungen, abhängig vom Reiseziel, müssen durchgeführt werden, und vergessen Sie auch die Routineimpfungen – Diphtherie, Tetanus und Polio – nicht.

Prof. Kollaritsch rät, an das Abenteuer Fernreise mit Überlegung und Hausverstand heranzugehen.

- Eine Rückfrage bei einem Tropeninstitut, ob das gewünschte Reiseziel wirklich empfehlenswert ist, ob die medizinische Versorgung und die Umfeldbedingungen stimmen, sollte immer erfolgen.
- Daher: Zeitgerecht mit den Vorbereitungen beginnen und sich so noch die Möglichkeit offenlassen, bei ärztlichem Widerspruch auf eine andere, weniger belastende Destination umbuchen zu können.

Jetzt wären wir also medizinisch bestens informiert und versorgt, sind mit guten Reisetips versehen und können uns mit Vergnügen in die große weite Welt begeben.

Wenn wir das mit Vergnügen können . . .

Was tun bei Flugangst?

Ein unbestritten wichtiges Transportmittel ist das Flugzeug, und vor dem haben manche – und gar nicht so wenige – sonst durchaus tapfere Menschen Angst. Ich gehöre dazu. Natürlich fürchte ich mich nicht vor Flugzeugen, wenn ich sie am Boden betrachte oder wenn sie silbern und äußerst hübsch anzusehen die Himmel durchkreuzen – solange ich nur nicht darin sitze!

Die Hoffnung, daß durch häufiges Fliegen diese Angst vergeht, ist ein Trugschluß. Ich habe zahlreiche Flüge hinter mir – nicht aus freien Stücken, sondern weil es

aus Termingründen nicht anders möglich oder der Zielort nur auf diese Weise zu erreichen war.
Das Gefühl der Panik ist nicht immer gleich stark, aber es kann durch Kleinigkeiten sofort ausbrechen:
Die Stewardeß geht forschen Schrittes durch den Mittelgang – ist sie unterwegs zum Mikrophon, um das Anlegen der Schwimmwesten zu empfehlen, auch wenn wir uns gerade über den Alpen befinden?
Draußen ist Wind, die linke Tragfläche, die ich unglücklicherweise durch das Fenster sehe, zittert leicht – wird sie sich gleich vom Rest des Flugzeuges verabschieden?
Draußen ist es absolut windstill – ist das die berüchtigte Ruhe vor dem Ausbruch eines Taifuns? Obwohl Taifune selten auf dem Flug von Wien nach München zu beobachten sind. Das wäre ein vernünftiger Gedanke, aber Vernunft hilft in solchen Fällen nichts! Wohl aber:

- Seminare gegen Flugangst, die von vielen Airlines immer wieder abgehalten werden.

Wilhelm Schasching, Präsident des Österreichischen Luftfahrtverbandes, empfiehlt diese Veranstaltungen für Menschen, die sich vor dem Fliegen fürchten. Und er nimmt diesen Ängstlichen auch das Schamgefühl, das sie gegenüber den coolen Fliegern haben.
Flugangst, sagt er, ist ein Phänomen, das evolutionär bedingt ist. Der Mensch ist nicht darauf programmiert, von hoch oben, aus den Lüften, nach unten zu schauen. Im Grunde ist es ein natürlicher Instinkt, sich vor dem Fliegen zu fürchten.
Das baut schon auf, nicht wahr? Man ist also kein erbärmlicher Feigling, sondern ein Mensch, der ganz nor-

malen Instinkten folgt: der Angst vor dem eigenen Kontrollverlust, dem Sitzen in einer zu engen Reihe, dem Nichts unter den Füßen, den fremden, überraschenden Geräuschen und dem mangelnden Vertrauen in die Technik.

- In den Seminaren arbeitet man mit einer Kombination von aufklärenden Maßnahmen (Flugzeug, Technik) mit verhaltenstherapeutischen Ansätzen dagegen. Kapitäne erklären alles, was über die Fliegerei wissenswert ist, inklusive den Lieblingsthemen aller Ängstlichen: Turbulenzen, platzende Reifen, Gewitterflug.

Wilhelm Schasching beruhigt auch mit Statistik:

- Die Wahrscheinlichkeit, mit einem Flugzeug abzustürzen, ist eins zu drei Millionen. Es müßte jeden Tag ein Flugzeug – an sieben Tagen der Woche – abstürzen und alle Insassen dabei ihr Leben verlieren, damit genauso viele Menschen umkommen wie im Straßenverkehr!

Und er gibt – für den Laien verblüffende – Sachinformationen:

- Piloten einer MD 80 könnten auf einem Flug von Paris nach Wien bereits über Linz die Triebwerke in Leerlauf schalten und dennoch in Wien sicher landen. Der riesige Überdruck, der unter den Tragflächen erzeugt wird und wie ein Polster das Flugzeug trägt, hält bereits bei 280 Stundenkilometern auch ein 400 Tonnen schweres Flugzeug auf diesem Kissen, so daß es gar nichts anderes mehr kann als fliegen.
- Und wer, wie ich, beunruhigt ist, wenn sich während des Fluges Tragflächen stark bewegen, sollte wissen,

daß nur Elastisches nicht bricht und die Tragflächen bei den Tests im Herstellerwerk sich meterweit nach oben und unten ohne Schaden biegen lassen müssen, um zertifiziert zu werden.

Sechsundneunzig bis achtundneunzig Prozent der Teilnehmer dieser Seminare trauen sich nachher zu, den vorgesehenen Flug anzutreten. Bei fünfundsechzig Prozent erweist sich der Erfolg als dauerhaft.

Reisen sollen Freude machen!

Wie oder wohin wir reisen – es soll Freude machen. Nun ist aber Freude kein Einheitswert, der für alle gleich ist. Was den einen freut, kann den anderen unendlich langweilen oder sogar ärgern.

Das ist beim Fernsehprogramm nicht anders als bei Reisezielen. Der Unterschied liegt allerdings in der zeitlichen Begrenzung. Wenn Ihr Partner eine TV-Sendung einschaltet, die Ihnen auf die Nerven geht, so ist dieses Ärgernis in ein paar Stunden vorbei. Wählt er ein Reiseziel, das Ihnen total auf den Geist geht, dann müssen Sie dort tagelang frustriert ausharren.

Wir kennen das ja alle: Es gibt diese Berg- und Waldtypen und die Sand-Sonne-Meer-Anhänger, die Wanderer und die Liegestuhllieger, die Kulturbesessenen, die jede Sehenswürdigkeit im Umkreis von fünfhundert Kilometern besuchen wollen, und diejenigen, denen der Swimmingpool und das abendliche Unterhaltungsprogramm des Hotels genügen.

In den jungen Jahren der Partnerschaft hat man Kom-

promisse geschlossen: eine Woche glühender Strand, sieben Tage Regen in den Bergen. Ein Urlaub halbe-halbe – heimgekehrt, hatte der eine einen Sonnenbrand, der andere Schnupfen.
Sollten Sie zu den Paaren gehören, die dieselben Urlaubsinteressen haben – gratuliere! Sie gehören zu den Ausnahmen, nicht zur Regel. Oder einer von Ihnen hat sich soweit angepaßt – um nicht zu sagen resigniert –, daß er überallhin mitfährt, wo der Partner hinreist, auch wenn es ihm kein Vergnügen bereitet.

Jetzt aber, im Golden Age, sollte die Zeit sein, wo Sie genügend Selbstbewußtsein haben zu sagen: „Mit mir nicht! Ich möchte meine Ferien dort verbringen, wo es mir gefällt!“

Was hindert Sie, diesen Satz auszusprechen? Die Reaktion Ihrer Umgebung, die sagen könnte, „Jetzt fahren die zwei getrennt weg – scheint mit der Ehe nicht mehr zu klappen“?

Emanzipieren Sie sich auch beim Reisen!

Irgendwann sollte man so reif und selbstsicher sein, daß einem die Meinung der Leute egal ist – und wenn Sie das mit fünfzig oder sechzig noch nicht sind, dann ist es höchste Zeit dazu!
Oder haben Sie Angst davor, Ihr Partner könnte fern von Ihnen einen heißen Flirt finden? Der kann ihm auch zu

Hause, ums Eck, im Supermarkt begegnen. Und wenn Ihre Ehe nicht ein paar Wochen Trennung aushält, dann steht sie auch einen getrennten Vormittag in heimischen Gefilden nicht durch! Mißtrauen und Verlustangst sind eine schlechte Basis für eine Beziehung – und Sie sind nicht der persönliche Bodyguard Ihres Partners!
Nicht zu vergessen alle diejenigen, die überhaupt nicht gerne wegfahren, für die schon ein Ausflug in den Nachbarort die Dimension einer Weltumsegelung annimmt. Wenn Sie sich zu Hause am zufriedensten fühlen, dann lassen Sie sich nicht einreden, daß Reisen zur unbedingten Lebensqualität der schönsten Jahre gehört. Ein „Muß", nur weil es alle tun, sollte es in unserem Alter nicht mehr geben! Wenn Ihr Partner zu den reiselustigen Entdeckern gehört, dem es keine Ruhe läßt, daß es noch Orte auf der Welt gibt, die er nicht gesehen hat, dann gilt auch hier: Lassen Sie ihn fahren. Allein.
Hüten Sie sich davor, jetzt, wo Sie beide mehr Zeit haben, zu siamesischen Zwillingen zu werden. Seelisch zusammengewachsen zu sein ist eine Sache – und eine besonders schöne –, dauernde körperliche Nähe führt zur persönlichen Unfreiheit.

> Den anderen umarmen, so daß er die Liebe spürt – ihm aber Luft zum Atmen lassen!

Das sollte nicht nur das Motto für unsere schönsten Jahre sein, sondern auch für alle Unternehmungen, die damit zusammenhängen.

Reise, und du lernst dich selbst kennen!

Emanzipieren Sie sich also auch beim Reisen! Sie haben beide etwas davon. Nach einer kleinen Trennung Wiedersehen zu feiern, belebt die Beziehung mehr als ein gemeinsamer Aufenthalt, wo der eine unzufrieden ist und der andere ein schlechtes Gewissen hat. Und wieviel können Sie einander dann erzählen!
Emanzipieren Sie sich, auch wenn Sie jetzt gerade ein neuer Single geworden sind! Sie sind früher nur gemeinsam verreist und haben jetzt Scheu davor, allein irgendwohin zu fahren? Wagen Sie den Schritt ins Reisebüro oder zum Fahrkartenschalter! Dreißig Prozent der Urlauber über fünfzig sind Einzelreisende – das heißt auch, allein zu fahren bedeutet nicht, einsam zu bleiben. Verstecken Sie sich an Ihrem Urlaubsort nicht hinter einem Buch oder in Ihrem Zimmer. Seien Sie offen für Gespräche.

> Solo zu sein ist kein Stigma, sondern die Chance für neue Kontakte!

Fahre weg, um die Welt kennenzulernen, reise, und du lernst dich selbst kennen, heißt es so richtig. Und wir sind doch gerade im richtigen Alter, noch vieles kennenzulernen – und wenn wir uns dabei selbst neu entdekken, ist das eine gute Basis für die nächsten Jahrzehnte unseres Lebens!

Sie

Zu sagen, ich wäre eine schlechte Reisende, stimmt nicht ganz. Ich bin nur eine verdammt schlechte Wegfahrerin. Schon Tage vor der geplanten Abfahrt mache ich mir zusätzlich zu den Listen der Dinge, die mitzunehmen sind, Listen über Dinge, die ich garantiert vergessen werde. In der Nacht vor dem Abschied von meinem gemütlichen Heim träume ich, daß ich irgendwo vergessen werde – auf einem Bahnhofsklo, einem Gepäckförderband, einem Gipfel in den Anden, obwohl wir dort gar nicht hinfahren. Am Reisetag stehe ich zwei Stunden früher auf als die anderen und verabschiede mich von jedem Stück in der Wohnung, als würde ich für Jahre in Verbannung geschickt. Dann wische ich noch Staub und putze die Küchenschränke. Wer weiß, ob ich je wieder heimkomme!

Am Ziel angekommen, ergebe ich mich in mein Schicksal, weil es ja keinen Sinn hat, zusätzlich zu dem vielen Geld, das man für die Reise ausgegeben hat, auch noch vor sich hin zu leiden. Außerdem gibt es vom ersten Urlaubstag an einen Lichtblick: Es ist der Beginn des Endes, das spätestens in zwei oder drei Wochen kommt! Tag für Tag werde ich fröhlicher, in den letzten achtundvierzig Stunden, wenn alle Mitreisenden bereits deprimiert an die Heimfahrt denken, laufe ich zur Höchstform sprühender Laune auf. Auf der Rückreise bin ich dann ein wahres Sonnenscheinchen und gebe den anderen in immer kürzeren Abständen genaue Zeitangaben, wann wir endlich wieder zu Hause ankommen werden.

Was auch psychologisch sehr wertvoll ist – kehrt sich doch die allgemeine Trauer über das Ende des Urlaubs in heftige Abneigung gegen mich um!
Einmal allerdings wollte selbst ich nicht mehr zurück: Wir fuhren mit der ganzen Familie in einem Pferdewagen durch Irland. Das heißt, mein Mann fuhr – er saß auf dem Kutschbock, meine Töchter und ich liefen daneben her, um dem Pferd die Last zu erleichtern. Ging es bergauf, schoben wir den Wagen an und legten einen Stein von der Größe eines mittleren Felsbrockens unter die Hinterräder, mit dem wir dann, wenn das Tempo flotter wurde, hinter dem Wagen herhechelten, um ihn für die nächste Steigung parat zu haben. Ging es bergab, stemmten wir uns vorne gegen die Deichsel, um den Wagen am Abrutschen zu hindern.
War eine Wegkreuzung in Sicht, trabte ich vor, um zu sehen, in welche Richtung mein Mann den Wagen zu lenken hatte, und hielt dann den Verkehr auf, bis wir die Kurve geschafft hatten. Am zweiten Tag stieg mir das Pferd auf den Fuß. Er schwoll sofort an, ich bekam den Schuh nicht mehr herunter, saß die ganze Nacht in der Kutsche und machte mit einem nassen T-Shirt kalte Umschläge.
Wir verirrten uns, das Pferd machte samt Wagen Anstalten, eine rossige Stute zu bespringen, eine Hitzewelle, wie sie nur alle vierzig Jahre vorkommt, suchte Irland heim, der Asphalt schmolz auf den Straßen, wir zogen Pferd und Wagen bis zur nächsten Ortschaft. Es war herrlich!
Wenn schon Reisen, wenn schon Urlaub, dann so!

Er

Da ich ein begeisterter Reisender bin, mich über die kürzesten Trips ebenso wie über die längsten Fahrten freue, Fliegen für eine der genialsten Erfindungen der Menschheit halte und Schiffsreisen für das Paradies auf Erden, brauchte ich eine gewisse Zeit, um zu bemerken, daß meine Frau anders war. Ich meine, Frauen sind immer anders, aber so anders – das hatte ich nicht erwartet!

Sie, die nie zu Hypochondrie neigt und einer der gesündesten Menschen ist, die ich kenne, entwickelte jeweils ein paar Tage vor der Abreise die merkwürdigsten Symptome. Sie behauptete, ein winziges rotes Pünktchen auf ihrem Arm wäre der Beginn von Röteln, kombiniert mit Feuchtblattern, und es wäre besser, sie würde zu Hause bleiben. Sie spürte Anzeichen von Angina, Ischias, Gastritis und was es sonst noch alles für reisehemmende Krankheiten gibt. Da aber alle diese Leiden nie wirklich ausbrachen, wurde mir klar, daß sie, wie ein Kind, das Schule schwänzen will, sich vor dem Wegfahren drücken wollte.

Gegen Reiseunlust ist die beste Therapie reisen, dachte ich, und so fuhren wir munter drauflos. Das heißt, munter war selbstverständlich nur ich! In Flugzeugen saß sie starr und bleich neben mir und weigerte sich, aus dem Fenster zu sehen. Jeden harmlosen Passagier auf dem Weg zur Bordtoilette hielt sie für einen potentiellen Flugzeugentführer. Auf Schiffen legte sie die Schwimmweste unter den Kopfpolster und sprach vom Untergang der Titanic.

Zweite Stufe der Therapie war, ihr die jeweiligen

Urlaubsorte schmackhaft zu machen. Ich buchte gute Hotels mit gutem Essen, schönem Ausblick und Rundfahrten in die Umgebung in klimatisierten Autobussen. Sie nahm das alles mit freundlicher Höflichkeit hin und machte abends heimlich Strichlisten in ihrem Kalender, wieviel Tage es noch bis zur Abreise dauerte.
Und dann kam dieser Urlaub in Irland, den sich die Kinder gewünscht hatten und dem ich einigermaßen skeptisch entgegensah: vier Leute zwei Wochen in einer Pferdekutsche, in der gekocht, gegessen und vor allem geschlafen wurde, geschichtet wie die Sardinen in einer zu engen Dose! Und siehe da – meine unlustige Reisende war begeistert! Als ihr das Pferd auf den Fuß stieg, hüpfte sie kichernd und einbeinig mit mir in das nächste Pub. Als das Roß eines Nachts von der Weide kam und es – weiß der Teufel, wie – schaffte, mit seinem riesigen Hintern in unserem Kutschbock steckenzubleiben und der ganze Wagen wie bei einem Erdbeben hin- und herschwankte, da schob sie es lachend heraus.
Sie lief bei glühender Hitze hinter der Kutsche her, wusch sich abends in einem Bach, an dem wir unser Lager aufgeschlagen hatten, und zählte zum ersten Mal nicht die Tage bis zum Rückflug!
Erklär mir einer die Frauen! Warum sagen sie uns nie, was sie wirklich wollen? Wir hätten uns viel Geld erspart, wenn sie das getan hätte! Keine teuren Hotels, keine Mitternachtsdiners, einfach eine Wiese, ein Bach und statt einer Show in Las Vegas ein Pferdehintern vor sich – man lernt nie aus! Ich habe nicht gewußt, daß es so leicht ist, Frauen glücklich zu machen!

Wellness und Sport

„Wenn du fünfzig bist, in der Früh wach wirst und es tut dir nichts weh, gibt's nur eine Erklärung: du bist tot."
Ein Satz, den robuste Altersgenossen gerne jenen zum Trost sagen, die mit Vorliebe über ihre körperlichen Wehwehchen jammern. Nun ist es keineswegs so, daß die Clique der Hypochonder oder jener, die aus einem Mäuschen an Beschwerden einen Elefanten von Leiden machen, bei der älteren Generation stärker vertreten ist als bei jungen Leuten.

Ich kenne genug Teenager, bei denen ein winziger Pikkel auf der Stirn Weltuntergangsstimmung erzeugt, eine schnupfengerötete Nase drei Tage Bettruhe und ein verdorbener Magen den Beistand der gesamten Familie verlangt. Im Grunde ist man wesentlich wehleidiger, solange man jung ist. Wobei sicher auch ein gewisses Mittelpunktdenken eine Rolle spielt – kranke Kinder werden verhätschelt, bekommen ihr Lieblingsessen, dürfen im Bett bleiben und die Mathematikschularbeit versäumen.

Zwischen zwanzig und fünfzig hat man dann gar nicht mehr die Zeit, seine kleinen Leiden hingebungsvoll zu pflegen. Mütter dürfen ohnehin nicht krank werden, und auch im Berufsleben macht man sich beim Chef nicht beliebt, wenn man alle paar Wochen wegen eines Kratzens im Hals tagelang fehlt.

Aber dann kommt die Zeit, wo man mehr Zeit hat – und

man beginnt in sich hineinzuhorchen. Was an sich ja nicht schlecht wäre, wenn man auf die Stimme seines Körpers hört – aber wenn der Dialog mit den eigenen Organen zum Lieblingsgespräch wird, ist die Sache kritisch.

Schlafen Sie schlecht?

Zu den ersten Anzeichen des „sich selbst Krank-Beobachtens" – wie Psychologen die übersteigerte Fürsorge um die eigene Gesundheit nennen – gehören die ständigen Klagen, man habe schlecht geschlafen! Bei genauerer Befragung stellt sich dann heraus, daß der Betreffende sehr wohl bestens eingeschlummert war, aber irgendwann in der Nacht erwachte. Die meisten geben präzise Kommuniqués über ihre Schlafunterbrechung heraus: Von 3 Uhr 54 bis 4 Uhr 11 seien sie mit offenen Augen im Bett gelegen und hätten gequält die Leuchtziffern des Radioweckers angestarrt.
Und schnell ist dann – selbst gemacht – der Teufelskreis da. Schon auf dem Weg ins Bett wird die Schlafstörung erwartet, und so programmiert kommt sie natürlich auch!
Dabei – und das ist einer der Vorteile unserer reiferen Jahre – brauchen wir wirklich nicht mehr so viel Schlaf. (Es soll da gar nicht das Beispiel Napoleons angeführt werden, der zeit seines Lebens mit vier Stunden auskam.) Der Achtstundenschlaf, wie ihn fürsorgliche Mütter in unserer Kindheit verordneten, ist nicht mehr notwendig – der Körper holt sich ohnehin, was er braucht.

Meistens sind nämlich die „Nachtwächter" hingebungsvolle Mittagsschläfer, die sich auch durch das lauteste Treiben ihrer Umgebung nicht stören lassen!
Betrachten Sie diese wache Stunde in der Nacht doch einmal nicht als quälend, sondern als angenehm. Sie gibt einem in aller Ruhe Spielraum für Gedanken, Überlegungen und Pläne und für die Lektüre eines Kapitels in einem Lieblingsbuch. Ein Glas warme Milch, eine Tasse Melissentee mit Honig lassen einen dann wieder wohlig einschlafen. Es ist keine verlorene, sondern eine geschenkte Stunde, die man ganz für sich allein gehabt hat – und das ist doch etwas Wunderbares!
Allerdings fällt dann die Leidenserzählung am Morgen weg, auf die manche ungern verzichten wollen.

Werden Sie nicht zum Hypochonder!

Wer jeden medizinischen Artikel in den Zeitungen gierig verschlingt, sich zur weiteren Vertiefung ein Gesundheitslexikon zulegt, in dem man sich von A–Z Krankheiten aussuchen kann, die man eventuell haben könnte – der ist nun wirklich zum klassischen Hypochonder geworden! Das sind dann jene Zeitgenossen, die ihre Nachmittage in den Wartezimmern diverser Arztordinationen verbringen und mit Gleichgesinnten ihre Leiden austauschen.
„In vielen Fällen heißt die Krankheit meiner älteren Patienten Einsamkeit", sagte mir ein praktischer Arzt. „Sie suchen jemanden, der ihnen wenigstens ein-, zweimal in der Woche eine halbe Stunde lang zuhört, das Blut-

druckmessen wird zu der Zuwendung, die sie brauchen. Als junger Mediziner habe ich diesen Patienten manchmal gesagt: ‚Ihnen fehlt nichts, sind Sie froh, daß Sie gesund sind.‘ Aber sie waren nicht froh, denn für viele von ihnen waren ihre eingebildeten oder kleinen Leiden das einzig Interessante, das sie ihrer Umgebung noch bieten konnten. Heute, wo ich auch schon über fünfzig bin, nehme ich mir Zeit für diese Gespräche – aber ich schreibe ihnen auch oft Rezepte, auf denen steht:

Sport, Wandern, unter Leute gehen und jeden Tag einmal über sich selbst lachen!“

Sport als Lebenselixier

Ein besseres Rezept gibt es nicht – und sehr viele von uns befolgen es schon. Unsere Generation der Beweglichen hat den Sport längst als Lebenselixier und Jungbrunnen entdeckt. Mögen ruhig die Teens und Twens Couch-Potatoes sein – wir sind es nicht!
Der Fremdenverkehr hat statistisch erfaßt, daß die Gäste über fünfzig und sechzig die großen Wanderer sind, und Ferienorte werben mit Touren der verschiedensten Schwierigkeitsgrade. Sehen Sie sich am Wochenende einmal in der Umgebung um – bestens ausgerüstet, informiert durch Wanderkarten, durchschwärmt das Golden Age Wiesen und Wälder.
Es gibt Bergsteiger, die achtzig Jahre und älter sind und noch jeden Gipfel in Angriff nehmen. Ein neunundacht-

zigjähriger Amerikaner mit einem künstlichen Kniegelenk bestieg einen Dreitausender in der Antarktis. Die österreichische Bergsteigerin Hermi Lottersberger, jetzt einundsiebzig Jahre alt, ist schon mit Kapazitäten wie Reinhold Messner oder Peter Habeler geklettert. An ihrem siebzigsten Geburtstag machte sie zusammen mit wesentlich jüngeren Bergsteigern eine Erstbegehung in den Dolomiten. Freikletterei bis zum unteren sechsten Grad – eine wirkliche Herausforderung für jeden Bergsteiger – schaffte sie locker. Ihre Bergkameraden erwarten schon heute mit einer gewissen Nervosität ihren Wunsch zum Achtzigsten!
Die amerikanische Sportschuhfirma Nike wirbt mit zwei Damen über siebzig, die Kanufahrerinnen und Wildwasserführerinnen sind, und bei allen großen Marathonläufen gibt es Teilnehmer, die weit jenseits der Sechzig sind.

> Alter ist kein Grund dafür, mit einer geliebten Sportart aufzuhören – sehr wohl aber ein Grund, mit einer neuen zu beginnen!

Freude am Reiten

Und da sind die Möglichkeiten vielfältig. Als ich mich mit vierundvierzig entschloß, Reiten zu lernen, fand ich mich dafür eigentlich schon ein wenig alt, wurde aber von einer Dreiundneunzigjährigen als halbes Kind bezeichnet, die sich erst mit sechzig auf das hohe Roß

geschwungen hatte und seit dreiunddreißig Jahren regelmäßig ritt. Ob mit ausgekegelter Schulter oder nach einer Kieferoperation, die jeden anderen ein paar Tage lahmgelegt hätte: Sie saß eisern auf ihrem Pferd! Eine ehemalige Opernsängerin wurde knapp vor ihrem achtzigsten Geburtstag mit der Diagnose zweier Ärzte konfrontiert: Nach einer Hüftoperation sollte sie das neue Gelenk schonen und auf ihre geliebten langen Spaziergänge verzichten – gleichzeitig aber wurde ein Lungenemphysem festgestellt; zu viel Aufenthalt an der frischen Luft wurde geraten. Da kaufte sie kurz entschlossen einen Haflinger, und von da an konnte man ihr bei stundenlangen Ausritten durch den Wienerwald begegnen.
Ob Leistungssport – es gibt in vielen Sportarten Seniorenmeisterschaften – oder Sport aus Freude und Lust an der Bewegung: uns sind, solange wir uns dabei wohl fühlen, keine Grenzen gesetzt.
Sollten Sie bisher eher ein Sportmuffel gewesen sein, dann gehen Sie es nicht gleich extrem an, sondern gönnen Sie Ihrem Körper den Genuß harmonischer Bewegungen.

Freude am Joggen

Laufen, joggen und gehen sind ein guter Anfang – übertreiben Sie es aber niemals. Wir haben es, so wie beim Sex, nicht mehr notwendig, den anderen etwas zu beweisen! Es geht um unseren Spaß und nicht darum, alle anderen Jogger auf der Strecke zu überholen. Machen

Sie Pausen, leichte Ausgleichsgymnastik dazwischen, aber setzen Sie sich ein Ziel. Zehn Minuten, fünfzehn Minuten reichen für den Anfang. Kommen Sie außer Atem, schmerzen die Muskeln – nicht darüber hinweglaufen. Sport sollte niemals zum Krieg mit Ihrem Körper ausarten!

Freude am Langlauf

Auch der Umstieg von einer Sportart auf die andere ist jetzt einen Versuch wert. Waren Sie bisher Alpinskifahrer, dann probieren Sie doch einmal den Langlauf. Dabei werden viel mehr Muskeln aktiviert als beim einfachen Abfahren auf der Piste. Die stete Bewegung stärkt Herz und Kreislauf und läßt einen herrlich durchatmen. Abgesehen davon ersparen Sie sich das nervtötende Anstellen bei den Skiliften, das heute manchmal bereits lebensgefährliche Getümmel auf den Hängen, und die Gefahr, von einem wild gewordenen Snowboarder gerammt zu werden, fällt auch weg.

Als Langläufer bestimmen Sie Ihr Tempo ganz allein, Sie können jederzeit den Schritt aus der Loipe tun, innehalten, die Landschaft betrachten und mit der Seele baumeln. Ein angenehmer Nebeneffekt: Ihr Skiurlaub wird mindestens um ein Drittel billiger – die Kosten für die teuren Skipässe und Liftkarten ersparen Sie sich jetzt!

Freude an Gymnastik

Sind Sie eher ein Indoor-Sport-Fan, der Gymnastik be-

vorzugt, können Sie natürlich auch zu Hause ein Programm abspulen. Es gibt von Callanetics über Aerobic, Step-Up und Stretching ausgezeichnete Videokassetten, die einem Anleitungen geben. Das ist vor allem etwas für disziplinierte Bewegungsfreudige, die sich durch nichts von ihren täglichen Übungen im Wohnzimmer abbringen lassen.
Braucht man das strenge Auge eines Trainers und das Erlebnis der Gruppe, so ist ein Fitneßstudio ideal. Glauben Sie nicht, das wäre nur etwas für junge, knackige Modeltypen – kein Fitneßtempel könnte mit denen allein wirtschaftlich überleben.
Darum haben die guten Studios längst schon zahlreiche Angebote für das Golden Age. Pilates, ein spezielles Wirbelsäulentraining in Kleingruppen, wo für jeden einzelnen das Programm nach seiner körperlichen Kondition entworfen wird, ist nur eines davon. Bauch- und Po-Kurse, in denen Übungen für die Problemzonen langsam aufgebaut werden, gehören ebenfalls dazu, wie auch Stretching. Hier lernt man, seine Muskeln und Sehnen zu dehnen und zu entspannen, und fühlt sich dabei so wohl wie eine Katze, die nach dem Aufwachen alle Glieder streckt.

Training in der Kraftkammer

Auch das Training in den Kraftkammern ist – unter richtiger Anleitung – eine Wohltat für den Körper. Es muß nicht das Ziel sein, Muskeln wie Arnold Schwarzenegger zu bekommen – eine Stärkung des Ge-

webes genügt schon. Busen und Bauch werden straffer, die gesamte Körperhaltung verbessert sich. Vor allem ist man hier nicht so dem Konkurrenzdruck ausgesetzt wie in den Gymnastikstunden mit anderen Teilnehmern. Sie können die Geräte je nach Tagesverfassung auf die Stufe einstellen, die Ihnen guttut.
Seriöse Fitneßstudios bieten Schnupperstunden – Sie können also selbst überprüfen, ob Ihnen die Angebote zusagen.

Wie wäre es mit Radfahren?

Eine herrliche Sportart in unserem Alter ist auch Radfahren. Da wurde von den Gemeinden in den letzten Jahren viel getan, das Netz der Radwege wurde ausgebaut, Sie können mit dem Fahrrad ziemlich problemlos auch aus den Städten in die grüne Umgebung radeln. Herz und Kreislauf werden damit gestärkt, für die Muskeln wird etwas getan, und man kann sich je nach Lust und Laune ganze Reiserouten für Tage oder Wochen zusammenstellen.
Ein Urlaub mit dem Fahrrad – etwa in Österreich, in der idyllischen Wachau, an der Donau entlang, jede Nacht in einem anderen Gasthof übernachten – bringt das Abenteuer und das Gefühl der Freiheit unserer Jugend zurück. Fern vom Massentourismus, unterwegs mit seinem Partner oder Freunden entdeckt man unendlich viel am Rand des Weges – und da man ja selbst das Tempo bestimmt, kann man jederzeit stehenbleiben und es bewundern. Und mit dem großartigen Gefühl, jeden Tag

etwas geleistet und erlebt zu haben, geht man abends zu Bett.
Mit dem Radfahren kann man in jedem Lebensalter beginnen. Ich selbst, in meiner Jugend das, was man einen Sportmuffel nennt, habe zum ersten Mal in meinem Leben mit vierzig ein Rad bestiegen. Zum unendlichen Gaudium meiner eigenen und der Nachbarskinder machte ich meine ersten Fahrversuche in einer kleinen, verkehrsarmen Sackgasse, begleitet von amüsierten Kommentaren der Zuschauer, belohnt mit Applaus, als ich es zum ersten Mal schaffte, elegant zu wenden, ohne die nächste Gartenmauer als Prellbock zu benützen.
Für die Winterzeit empfiehlt sich zum Konditionstraining ein Heimfahrrad. Ein heißer Tip für den Zeitpunkt des heimischen Strampelns – das Fernsehprogramm am Abend! Statt im Fauteuil zu sitzen und Sendungen bewegungslos und manchmal dösend über sich ergehen zu lassen, treten Sie in die Pedale! Das tut der Figur gut, und Sie werden sich nie mehr darüber ärgern, daß Sie mit dem Ansehen eines matten Films Zeit verschwendet haben. Denn, im Gegenteil, Sie haben Ihre Zeit genutzt und Ihrem Körper Gutes getan!

Die Bewegungskunst des Tai Chi

Eine uralte, bei uns erst neu entdeckte Bewegungskunst ist Tai Chi. Claudia Rossmann, Tai-Chi- und Qi-Gong-Trainerin, empfiehlt es speziell für ältere Menschen, weil diese Form der Bewegung alles bietet, was für ein Wohlbefinden bis ins hohe Alter notwendig ist.

Die langsamen, fast zeitlupenartigen Bewegungen geben die Möglichkeit, die Gelenke sanft und behutsam zu rühren, was die Durchblutung fördert. Speziell die Fußgelenke, die im Alltag nur einseitig oder zu wenig bewegt werden, finden hier die Möglichkeit – zum Beispiel durch das Üben des sogenannten Bogenschrittes, der in der Tai-Chi-Form als Grundschritt fungiert –, wieder bewußt und aktiv eingesetzt zu werden.
Claudia Rossmann erklärt auch den Ursprung des Tai Chi. Die Wurzeln findet man im Zusammenfließen der drei wichtigsten Strömungen der chinesisch-taoistischen Kultur: Medizin, Kampfkünste und Philosophie. Der Aspekt der Kampfkunst ist heute allerdings sehr in den Hintergrund getreten, obwohl die Bezeichnung „Schattenboxen" noch daran erinnert. Tai Chi dient in der heutigen Zeit mit seiner Vielfalt an Stilen und Formen vorwiegend der Gesunderhaltung, der Förderung des allgemeinen Wohlbefindens und der Aktivierung und Harmonisierung der uns innewohnenden Lebenskraft, auch Qi genannt.
Da ein typisches Merkmal des Tai Chi die fließenden, kreisenden und runden Bewegungen sind, werden Muskeln, Bänder, Sehnen und Knochen ohne Anstrengung beansprucht und bleiben dadurch bis ins hohe Alter stark und elastisch.
Beim Erlernen von Tai Chi stehen Aufmerksamkeit und Konzentration im Vordergrund – ein ideales Gedächtnistraining! Die völlige Konzentration auf den Bewegungsablauf läßt dem Übenden keine Möglichkeit offen, an etwas anderes als eben die Übung zu denken. Und wir

wissen doch alle, wie oft uns ewig um ein einziges Problem kreisende Gedanken erschöpfen und müde machen können! Nach einer Stunde Tai Chi ist man erfrischt und wach. Diese Konzentration und Wachheit nimmt man mit in den Alltag.
Die langsame, gleichmäßige Ausführung der Tai-Chi-Bewegungen lassen den Atem ruhiger und tiefer werden, wirken dadurch unterstützend auf das gesamte Herz-Kreislauf-System und nehmen positiven Einfluß auf das vegetative Nervensystem. Das führt bei dem Übenden zu einem tiefen Gefühl von innerer Gelassenheit, Leichtigkeit und Entspannung und somit zu einem ganzheitlichen Wohlbefinden.
Sind die Bewegungen und der Bewegungsablauf schon mehr vertraut, so wird das Augenmerk verstärkt auf die bewußte Wahrnehmung unserer Lebensenergie Qi gelenkt. Qi ist die Lebenskraft, welche die in unserem Körper befindlichen Energieleitbahnen, die Meridiane, durchströmt, dadurch die Organe mit Energie versorgt und den gesamten Organismus mit Lebenskraft nährt.
Durch längeres Üben von Tai Chi wird das Fließen von Qi immer deutlicher wahrgenommen und läßt ein Gefühl von Lebendigkeit und harmonischem Zusammenwirken der beiden Kräfte Yin (weiblich) und Yang (männlich) entstehen. Bei Tai Chi bewegen wir uns zwischen diesen beiden Kräften. Wir stehen auf der Erde und haben dadurch die Verbindung zum Yin, durch die aufrechte Haltung schaffen wir die Verbindung zum Himmel, dem Yang.

Darum wird Tai Chi auch oft als ein Tanz zwischen Himmel und Erde bezeichnet!

> Im alten China sagte man: Lerne Tai Chi, und du wirst geschmeidig wie ein Baby, gesund wie ein Holzfäller und gelassen wie ein Weiser!

Eine Übung, die man allein durchführen kann

Claudia Rossmann stellt uns eine Übung vor, die man auch allein durchführen kann:

- Nehmen Sie eine bequeme, stehende Haltung ein. Die Füße stehen schulterbreit, die Fußspitzen schauen gerade nach vorn, die Knie sind leicht gebeugt, und das Gesäß befindet sich in einer Haltung, als würden Sie auf einem hohen Hocker sitzen.
- Brustkorbstellung des „goldenen Seidenfadens", das heißt leicht nach oben gezogen, der Nacken dadurch sanft gestreckt, das Kinn schaut ein wenig in Richtung Brustkorb.
- Sie können die Augen schließen, die Mundwinkel sind leicht nach oben gezogen, so als würden Sie sich selbst zulächeln. Der Atem fließt durch die Nase ruhig ein und aus. Die Zungenspitze liegt am oberen Gaumen auf, hinter den Schneidezähnen – dadurch schließt sich der innere Energiekreislauf.
- Nun heben Sie langsam und sanft Ihre Arme bis in Schulterhöhe, so als würden Sie eine Wolke hochheben. Sie atmen ein und stellen sich vor, wie Ihr ge-

samter Körper mit neuer, frischer Lebenskraft erfüllt wird. Nun lassen Sie die Arme wieder sinken, die Schultern geben nach, und auch der Ellbogenbereich beugt sich ein wenig.

- Ihre Arme und Hände führen nun die „Wolke" wieder hinunter, bis die Arme an der Seite Ihres Körpers angelangt sind. Während des Hinunterführens atmen Sie aus und stellen sich vor, wie alles, was Sie belastet und was Sie nicht mehr haben wollen, durch Ihre Fußsohlen in die Erde abgeleitet wird.
- Als Abschluß legen Sie Ihre Hände noch kurz auf den Bereich unterhalb des Nabels (Dan Tien, das Energiezentrum), so als würden Sie hier nun etwas sammeln und speichern. Halten Sie noch kurze Zeit inne.

Sie können diese Übung von Claudia Rossmann wiederholen, so oft Sie wollen, vor allem dann, wenn Sie neue Lebensenergie brauchen!

Betreiben Sie die Sportart, die Ihnen gefällt!

Und auch hier nehmen wir wieder den roten Faden auf, der unsere Leitlinie durch das Golden Age sein sollte: Machen Sie das, was Ihnen gefällt. Werden Sie selbständig, emanzipieren Sie sich! Nicht auf Kosten einer Partnerschaft, sondern zugunsten dieser Partnerschaft!
Wenn Sie jetzt die Sportart Ihrer Wahl betreiben und Ihr Partner hat anders gewählt, so lassen Sie ihm seine Freiheit und sich selbst Ihre eigene.

Sie sind nicht mehr beim Klassenturnen, wo alle über die gleichen Hürden gehen müssen!

Er klettert mit Steigeisen und Seilen auf die steilsten Felsen – ihr wird schon schwindlig, wenn sie zu Hause auf der Leiter steht, um Vorhänge aufzuhängen.
Sie ist eine leidenschaftliche Tänzerin und möchte in einem Kurs den Rock 'n' Roll ihrer Jugend wieder aufleben lassen, während er sich bei jeder Form des Tanzes wie ein sterbender Schwan fühlt und seinen Partnerinnen auf die Füße tritt.
Dann ist es wohl kaum ideal, die beiden Hobbys gemeinsam zu betreiben! Spielen Sie hier nicht das Machtprinzip des Stärkeren aus und zwingen den anderen unter die Knute der geheuchelten Zweisamkeit: „Wir wollen doch unsere Freizeit, jetzt, wo wir beide Zeit haben, gemeinsam verbringen!“
Gemeinsamkeit ist nicht eine Frage der Zeit, sondern der gegenseitigen Toleranz. Sie läßt sich auch nicht in Minuten oder Stunden messen, sondern in der Intensität der Gefühle füreinander. Und rechnen Sie nicht die Abwesenheit des anderen gegeneinander aus: „Du warst das ganze Wochenende klettern, ich war nur zwei Stunden im Tanzkurs. Da hab' ich doch wohl etwas gut!“

Guthaben gibt es nur im Handel, nicht in Beziehungen!

Halten Sie auch Ihren Geist frisch und jung!

Es gibt nicht nur den Sport für den Körper, sondern auch für den Geist! Und den Geist frisch und jung zu erhalten, sollte man genauso wichtig nehmen wie körperliche Fitneß.

Gehirnjogging hält unsere intellektuellen Fähigkeiten so jung wie Bewegung unsere Muskeln. Ich war gerade Anfang Zwanzig, als ich in einer sehr schwierigen Fernsehproduktion steckte, von der ich jeden Abend völlig ausgelaugt nach Hause kam. Ich hätte mich am liebsten im Bett verkrochen, aber meine energische Großmutter ließ das nicht zu: „Wenn man mitten in einer sportlichen Übung aufhört, bricht der Kreislauf zusammen", sagte sie. „Und wenn man nach einer geistigen Anstrengung zu schnell abschaltet, passiert im Kopf dasselbe. Langsam weiterlaufen und ruhig ausklingen lassen – löse Kreuzworträtsel."

Damals fand ich das lächerlich. Kreuzworträtsel zu lösen war in meinen Augen eine Beschäftigung für ältere Leute, die mit ihrer Zeit nichts Besseres anzufangen wußten. Aber ich probierte es – und es funktionierte als herrliche Entspannungsübung. So, wie wenn man beim Joggen innehält und ein paar Kniebeugen macht – da werden andere Muskeln angesprochen und gelockert – beim Rätsel werden andere Gedanken gefordert. Und bedenken Sie:

Jeder Muskel, der nicht trainiert wird, verkümmert und erschlafft – und wenn Sie Ihr Gehirn als einen der wichtigsten Muskeln betrachten, so wollen Sie doch nicht, daß ausgerechnet ihm dieses Schicksal widerfährt!

Sie können Gehirnjogging auch spielerisch betreiben. Setzen Sie sich mit Ihrem Partner zu einer Partie Scrabble oder Trivial Pursuit zusammen, spielen Sie Mühle oder Schach, Backgammon oder Monopoly. Spielen ist keine Beschäftigung, die auf die Kinderjahre beschränkt ist – es bedeutet auch in unserem Alter Spaß, Herausforderung und vor allem Kommunikation!

Natürlich können Sie Ihr waches Denken auch noch anspruchsvoller trainieren. Sie haben in der Schule Englisch- oder Französischunterricht gehabt? Dann lesen Sie Tageszeitungen aus diesen Ländern, sehen Sie sich Filme in Originalsprache an – und Sie werden entdekken, wie viele Vokabeln Sie noch beherrschen und wie viele neue Sie dazulernen.

Wissen, das man einmal erworben hat, sollte man nicht brachliegen lassen. Es ist wie mit einem Garten, der vielleicht in den letzten Jahren ein wenig verwildert ist – im guten Boden stecken noch die Samen und Blumenzwiebeln von früher –, ein wenig umstechen, ein bißchen nachsäen, und schon steht wieder alles in voller Blütenpracht!

Sie

Da verliebt man sich in einen Mann, weil er lustige Augen, schöne Hände und einen knackigen Hintern hat. Man fragt nach seinem Lieblingsschriftsteller und entdeckt, daß man den auch mag. Man fragt nach seinem Lieblingsfilm, seiner Lieblingsmusik und ob er ein gutes Verhältnis zu seinen Geschwistern hat – alles stimmt perfekt. Nur leider hat man in der ersten Euphorie eins vergessen: zu fragen, ob er ein begeisterter Sportler ist!

Ich bin, was sportliche Aktivitäten betrifft, ein absoluter Spätzünder! In meiner Jugend wollte ich nur eins: eine große Autorin werden, und darum verbrachte ich meine Zeit mit allen anderen, die große Autoren werden wollten, am liebsten im Kaffeehaus. Nach dem Motto: „Nicht zu Hause und doch nicht an der frischen Luft!“ Wir teilten uns eine Melange oder einen Kleinen Braunen und diskutierten über Sartre und J. D. Salinger, hauptsächlich aber über unsere eigenen Werke, die aus unverständlichen Gründen von allen Verlegern zurückgeschickt wurden.

Und dann lernte ich oben erwähnten Mann kennen (mit dem ich trotz allem seit fast dreißig Jahren zusammenlebe) – und in unserem ersten gemeinsamen Winter stellte sich fatalerweise heraus, daß er ein hervorragender Skiläufer ist.

Nun hatte ich natürlich, wie es bei einem Alpenvölkchen wie den Österreichern üblich ist, während meiner Schulzeit Skikurse absolviert. Diese verbrachte ich zusammen mit einer gleichgesinnten Freundin vorwiegend auf der

Krankenstation. Wir waren unendlich einfallsreich, was Leiden betraf, die uns von der Piste fernhielten.
Jetzt bekam ich die Rechnung für dieses hemmungslose Schwänzen in Form meines Partners serviert! Er konnte einfach nicht glauben, daß ein Mensch nicht Ski fahren konnte!
Und sofort erwachte sein Ehrgeiz Professor-Higgins-artig – nur daß er nicht meine Sprache, sondern meine sportlichen Fähigkeiten verbessern wollte. Er stellte mich in Abfahrtsposition auf einen Idiotenhügel, wo außer uns beiden nur Kinder im Alter zwischen vier und fünf Jahren herumrutschten, fuhr vor, schwang elegant ab und rief: „Komm mir nach!"
Ich fiel auf der Stelle um. Ein Kinderskikurs mit Skilehrer versuchte mir wieder auf die Beine zu helfen, wobei der Skilehrer mich als Demonstrationsobjekt benutzte. „So teppert dürfts ihr euch nie anstellen", sagte er zu den aufmerksam lauschenden Kleinen, während er mein linkes Bein unter dem rechten Ski hervorzog und verhinderte, daß ich mit dem Skistock meine Wade durchbohrte.
„Möge die Übung gelingen!" blieb noch eine Weile das Motto meines Mannes. Sie gelang nie! Erlöst wurde ich erst, als unsere Töchter auf ihren ersten Brettln blitzschnell und geschickt ins Tal wedelten und er seinen Trainerehrgeiz auf sie konzentrierte. „Sie haben meine Gene", sagte er mit stolzgeschwellter Brust, wenn er es wieder einmal nicht schaffte, einen dieser kleinen Pistenflöhe einzuholen.
Ich stieg aufs Langlaufen um, ich stieg überhaupt erst

mit dreißig und vierzig in den Sport ein. Ich begann zu joggen, ich ging jazztanzen, in Aerobic-Kurse und in die Kraftkammer eines Fitneßstudios. Ich lernte radfahren und reiten. Nicht weil ich dem Alter davonlaufen wollte, sondern weil es für mich genau das richtige Alter war, in dem mir Bewegung Spaß machte. Ich mußte nicht mehr, wie beim Turnunterricht in der Schule – ich durfte!
Das Herrliche an einer Spätentwicklung – egal auf welchem Gebiet – ist: Wenn andere gerade aufhören, ist man noch mitten in den Anfängen!

Er

Als sie das erste Mal vor mir vom Pferd fiel und ich rief: „Hast du dir weh getan?" und sie darauf fröhlich antwortete: „Nein, ich bin nur auf den Kopf gefallen!" und wieder auf den Pferderücken kletterte, da wußte ich, jetzt hat sie den Sport entdeckt, der zu ihr paßt!
Denn das mit dem Skilaufen, das war doch irgendwie ein Fehlstart! Sie hat Ihnen ja nur den ersten Versuch geschildert, dabei verliefen die nächsten Winter noch viel turbulenter! Ich erinnere mich an einen strahlend schönen Wintertag – alles, was Skier hatte, war damit unterwegs. Ich hatte sie mit viel Geduld und Ablenkungsmanövern auf einen etwas steileren Hang gebracht. Dort stand sie nun, starrte hinunter und schrie: „Ich will nach Hause!"
Ich fuhr ihr ein paar Meter vor und rief ihr zu: „Schneepflug!" Sie sah panisch um sich, fragte: „Wo?" und tat das, was sie immer auf Pisten tat: Sie fiel um!
Diesmal wollte ich es mit einer gewissen Härte probieren. Ich sagte: „Steh auf und laß die Skier einfach zu mir herunterrutschen!" Sie nahm das wörtlich, löste die Bindung, und die Skier schossen auf mich zu. Ich muß gestehen, daß ich daraufhin ein paar unfreundliche Worte von mir gab. Was allerdings ihre Reaktion keineswegs rechtfertigte! Sie warf ihre Skistöcke hinterher und schrie: „Ich lasse mich scheiden!"
Die anderen Skifahrer, die auf der Piste unterwegs waren, blieben stehen, kommentierten die Situation und teilten sich in zwei Parteien. Ein paar Damen riefen:

„Recht so! Männer sind Schweine!“ Einige Herren waren auf meiner Seite und rieten mir, das Scheidungsangebot sofort anzunehmen. So günstig käme ich nie mehr davon. Einer der Skifahrer machte meiner Frau einen Heiratsantrag und log ihr vor, er wäre nur irrtümlich hier unterwegs und würde normalerweise sein Leben in gutgeheizten Bars verbringen.
Sie ignorierte alles – mich eingeschlossen – und stapfte zu Fuß den Weg heim ins Hotel. Als sie dort zwei Stunden nach mir eintraf, strafte sie mich mit eisigem Schweigen.
An diesem Tag beendete ich meinen Skiunterricht. Ich hatte irgendwie den Eindruck gewonnen, daß er ihr keinen Spaß machte!

Natur und Umwelt

Der erste Schritt zur Gestaltung einer lebenswerten und angenehmen Umwelt beginnt im eigenen Heim. Man wirft einen Kiesel in den Teich, es bildet sich der erste Kreis um ihn, umschließt ihn noch eng, weitere Kreise entstehen, setzen sich fort über die Wasseroberfläche. Genauso ist es auch mit der Harmonie in unserem Leben. Haben wir unsere eigene Umwelt so gestaltet, wie es unseren Wünschen entspricht, dann können wir losziehen und die Welt retten. Wie meine Großmutter immer sagte: „Räume erst den Dreck in deinem Zimmer weg, dann kannst du dich um den Mist bei anderen kümmern!“

> Unser erstes Kleid ist die Haut, unser zweites der Stoff, der sie umhüllt, unser drittes unsere Wohnung. Und alle drei haben eins gemeinsam: Sie bieten uns Schutz, sind Ausdruck unserer Persönlichkeit und müssen gepflegt werden!

Die Wohnung als Spiegel der Lebensumstände

Damit ist, was die Wohnung betrifft, jetzt nicht gemeint, daß wir zu Putzteufeln werden und hinter jedem Staubkorn herjagen wie James Bond hinter Bösewichten, sondern daß wir ihren persönlichen Charakter unseren jeweiligen Lebensumständen anpassen.

Am Anfang war die große Sparsamkeit angesagt. Wir mußten im Beruf Fuß fassen. Jedes Möbelstück, das wir billig ergattern konnten oder von wohlmeinenden Verwandten geschenkt bekamen, war ein Gewinn – mochte es noch so scheußlich sein. (Einige dieser Scheußlichkeiten wären heute übrigens viel Geld wert – denken wir nur an die unsäglichen Nierentische –, wenn wir sie nicht schon längst entsorgt hätten.)
Dann kam die Zeit, als die Kinder geboren wurden. Alles mußte praktisch, sicher und vor allem nicht empfindlich sein. Der Boden hatte Heidelbeersaft und Spinatflecken auszuhalten, Stühle und Tische hatten stabil wie Klettergerüste zu sein. Und es war günstig, wenn man über Hochlagerungsmöglichkeiten wie Schränke und Regale verfügte. Denn alles Zerbrechliche wurde in Höhen über einen Meter verlagert, um es vor dem eisernen Zugriff der Kleinen zu bewahren, die bei ihren ersten Gehversuchen nach allem faßten, was in ihrer Nähe war. In diesen Jahren sah die Wohnung aus, als würde jederzeit eine Sturmflut mit anschließendem Hochwasser erwartet.
Mit dem Heranwachsen der Kinder normalisierte sich alles – bis auf ihre Zimmer natürlich, die zeitweise an Müllhalden erinnerten, gegen die jede Bürgerinitiative protestiert hätte. Aber was den Wohnbereich der Eltern betraf, so konnte man allmählich daran denken, Möbel nach ihrer Schönheit und nicht nach ihrer Abwaschbarkeit anzuschaffen.
Jetzt, im Golden Age, ist für viele der Moment gekom-

men, wieder an eine Umgestaltung der Wohnung zu denken.

Im Golden Age: Den Lebensbereich neu arrangieren

Die Kinder sind ausgezogen, der Lebensbereich wird neu arrangiert. Die Wohnung nun „altersgerecht" einzurichten ist ein Vorschlag, den wir – die Beweglichen mit fünfzig oder sechzig – wahrscheinlich weit von uns weisen. Wir sind schließlich im besten Alter, agil, gut in Form, und „altersgerecht" klingt, als müßte man in ein Seniorenheim übersiedeln.
Aber welche Anschaffungen und Renovierungen wir auch vorhaben – denken wir daran, daß sie uns für die nächsten Jahrzehnte das Leben angenehm machen sollten. Wir haben noch keine Altersleiden – aber erinnern wir uns doch, wie es war, als wir einmal ein gebrochenes Bein, einen verstauchten Arm oder einfach nur einen enormen Muskelkater hatten. Wie mühsam waren da ganz alltägliche Dinge: das Aufstehen aus dem zu niederen Bett, das Sitzen in den tiefen Polstermöbeln, das Ein- und Aussteigen aus der Badewanne, ja sogar das Aufdrehen eines Wasserhahns! Ganz zu schweigen von den täglichen Anforderungen des Haushalts: das Bücken zu den unteren Küchenschränken oder das Abnehmen der Vorhänge.
Es sei uns allen gewünscht, daß wir bis achtzig munter wie die Eichhörnchen durch die Wohnung flitzen, aber die Realität ist das nicht! Und wir können jetzt, voraus-

planend und Schritt für Schritt, dafür sorgen, daß wir uns später auch noch in unserer Wohnumwelt wohl fühlen und es uns leichter machen.

Erleichterungen einplanen

- Wenn Sie jetzt ein neues Schlafzimmer einrichten, dann kaufen Sie Betten in einer Höhe, die ungefähr der eines bequemen Sessels entspricht: Beim Ein- und Aussteigen sollten Sie sich so hinsetzen können, daß Ihre Füße ganz normal auf den Boden zu stehen kommen. Auf einer tiefen Liegelandschaft zu rollen, mag für junge Leute amüsant sein, bei uns wirkt es weder elegant noch – gerade im Schlafzimmer – sehr stimmungsfördernd, wenn wir wie Kaulquappen auf dem Trockenen aussehen.
- Wollen Sie den Beginn Ihrer schönsten Jahre damit feiern, eine neue Küche einzubauen, achten Sie darauf, daß sich diese Investition auch für die nächsten Jahrzehnte lohnt. Die Arbeitsflächen müssen in einer Höhe sein, die es Ihnen auch im Sitzen ermöglicht, Zwiebeln zu schneiden und Kuchen zu rühren. Die Küchenschränke sollten unbedingt mit Drehelementen ausgestattet sein, so daß Sie nicht den Bratpfannen hinterherkriechen müssen, sondern Ihnen diese durch schwenkbare Einsätze entgegenkommen. Und vermeiden Sie Stauraum in Höhen, die Sie nur mittels Kletterpartien auf Küchenschemel erreichen können.
- Bedenken Sie, daß achtzig Prozent der Unfälle zu

Hause durch Sturz und Fall entstehen – eine Gefahr übrigens, die keineswegs nur ältere Menschen betrifft. Das gilt auch für Teppiche auf glattgebohnerten Parkettdielen. Für jeden, der schwungvoll unterwegs ist, können sie leicht die Eigenschaften eines fliegenden Teppichs annehmen – das Reiseziel ist dann leider nicht irgendein märchenhaft orientalisches Land, sondern das Spital.

- Eine neue Sitzlandschaft im Wohnzimmer? Nicht zu weich, nicht zu tief. Sie sollte so sein, daß man nach einem langen, gemütlichen Abend noch ohne Hilfe eines Krans aus ihr aufstehen kann. Selbst wenn Sie persönlich noch so sportlich sind wie ein Zwanzigjähriger – denken Sie daran, daß auch Ihre Freunde älter werden und es bei einer Einladung nicht unbedingt schätzen, von sämtlichen Anwesenden aus ihrem Sitz hochgehievt werden zu müssen!
- Haben Sie Veränderungen in Ihrem Badezimmer vor, dann wählen Sie die Armaturengriffe für die Wasserhähne möglichst groß. Denken Sie noch gar nicht an arthritische Hände, sondern einfach daran, wie Sie zum Beispiel mit einem verstauchten Daumen Ihr Bad einlassen können. Je größer die Griffe, desto leichter ihre Handhabung! Ein Haltegriff bei der Badewanne erleichtert in jedem Alter das Aufstehen, und rutschfeste Unterlagen auf dem Wannenboden gehören immer zum Komfort.
- Und was die kleinen Erleichterungen im Haushalt betrifft, kann man es sich rechtzeitig bequem machen: Gardinenleisten bei den Vorhängen, die man

mit einem Handgriff zu sich herunterziehen kann, Fensterputzgeräte, mit denen man sicher vom Boden aus die Scheiben ohne halsbrecherische Kletterpartien reinigen kann. Alles, was Sie jetzt neu anschaffen, sollte auf Bequemlichkeit und Sicherheit ausgerichtet sein. Leicht im Gewicht und leicht zu handhaben – der Staubsauger ebenso wie der Rasenmäher.

Falls Sie einen Garten besitzen: Genießen Sie ihn!

Benötigen Sie einen Rasenmäher, dann gehören Sie zu den glücklichen Zeitgenossen, die einen Garten besitzen. Mag er Ihnen in den letzten arbeitsreichen Jahrzehnten neben Freude auch Last und Plage bedeutet haben – jetzt ist die Zeit, ihn uneingeschränkt zu genießen!

„Engländer bekommen keine Midlife-crisis. Ab fünfzig buddeln sie in der Erde herum, setzen Blumen, pflanzen Gemüse und sind unempfindlich gegen alle hormonellen Störungen“, erklärte mir einmal ein Brite in entsprechendem Alter, und er sah auch wirklich ganz zufrieden aus!

Gestalten Sie Ihren Garten neu – nicht als Beschäftigungstherapie, sondern aus Lust und Überzeugung! Hatten Sie bis jetzt eine perfekte Rasenfläche – Fußballrasen nennen die Gartenfirmen das kurzgeschnittene Einheitsgrün in ihren Prospekten –, die auch wirklich so aussieht, als könnte man jederzeit die Weltmeisterschaft der Kicker darauf betreiben, so probieren Sie es einmal andersrum:

- Säen Sie Gras mit Wildkräutern und Wildblumenmischungen, mit Löwenzahn, Taubnesseln und Gänseblümchen – und Sie haben in Ihrem Garten die Blumenwiesen Ihrer Kindheit! Mit Schmetterlingen und mit Nahrung für die ersten Bienen und Hummeln und mit Erholung fürs Auge und für die Seele.
- Wäre es nicht jetzt, in unserem Golden Age, an der Zeit, auf viele Konventionen zu pfeifen? Auch was den sterilen Vorgarten betrifft? Die Grashälmchen militärisch ausgerichtet, drei Blumen links, drei Blumen rechts, ein Busch in der Mitte, so daß alles seine Ordnung hat. Aber die Natur hat eine viel schönere Ordnung, die wir mit Unkrautvertilgungsmitteln und Harken nur stören. Unsere sogenannte Zivilisation frißt die Wälder und Wiesen auf – das erschüttert uns. Aber daß wir in unseren Gärten dasselbe tun, empfinden wir nicht als Umweltzerstörung, sondern als fleißige Pflege, wie es sich nun eben mal gehört!
- Laubhaufen im Herbst, in denen Igel ihren Winterschlaf halten können? Die Familie nebenan entfernt ihr Laub mittels eines Riesenstaubsaugers – tun wir das nicht, stehen wir als faule Schmutzfinken da! Und wenn schon! Jetzt ist für uns die Zeit, sich über diese gesellschaftlichen Gartenzwänge hinwegzusetzen! Jeder Igel, der in unserem Garten überlebt, jede Nachtigall, die hier nisten kann, muß uns mehr wert sein als die Meinung der Leute!
- Vergessen Sie das Rasenmähen einmal in der Woche

oder alle vierzehn Tage. Sollen Ihre Nachbarn ruhig vor einem Prospektrasen von zwei Zentimetern Kürze sitzen – Sie haben die Natur vor sich! Wenn Sie nicht sofort den Mut haben, aus Ihrem ordentlich-geometrischen Garten eine Naturlandschaft zu machen, dann probieren Sie es zuerst auf einem kleinen Teil. Säen Sie dort Wildpflanzen, lassen sie wachsen, wie Gott und das Wetter es wollen – und ich wette mit Ihnen, von Jahr zu Jahr werden Sie dieses kleine Stück Paradies um ein paar Quadratmeter erweitern! In Schottland gibt es eine große Gruppe von Gärtnern, die sich „Findhorns" nennen. Sie lassen zumindest einen Teil ihres Gartens wild – damit die Naturgeister dort leben können. Und sie sind überzeugt davon, daß ihnen das diese Wesen damit danken, mit ihren magischen Kräften über den ganzen Garten zu wachen und für das Gedeihen aller Pflanzen zu sorgen!

- Lassen Sie auch Gewächse zu, die Sie früher vielleicht aus Gründen der Ordnung und der Sauberkeit eliminiert hätten. Dazu gehört der Holunder. Zugegeben, Blattläuse lieben ihn – aber die sind wiederum Nahrung für die Marienkäfer, die doch seit alters her zu einem lebendigen Garten gehören. Und wenn dann die Beeren reif sind, gibt es natürlich dunkellila Flekken auf den sonst so sauberen Wegen – doch das läßt sich alles in Kauf nehmen für das, was uns dieser Baum bietet. Schon der alte Pfarrer Kneipp hat gesagt: „Kommst du bei einem Holunderbaum vorbei, dann zieh vor ihm den Hut! Denn er bietet dir mit allem, was er hat, Gesundheit." Aus den Blättern kann man Tee gegen Erkältungskrankheiten machen, seine Blüten erfreuen uns nicht nur mit ihrem Duft, sondern sind auch – in Teig getaucht und ausgebacken – eine herrliche Frühsommerspeise, und die Beeren als Hollerkoch mit Birnen oder Zwetschken sind ein schneller, köstlicher Nachtisch oder, als Marmelade eingekocht, ein Vitaminspender den ganzen Winter hindurch.

Für mich hat Holunder eine ganz besondere Bedeutung. Aus welchen Gründen auch immer – in unserem Garten wuchs nie einer. Dann kam eine sehr schwere Zeit für mich. Meine Mutter lag todkrank im Spital, wir wußten, daß es jederzeit zu Ende gehen konnte. Ich besuchte sie jeden Tag – und eines Morgens, als ich schon auf dem Weg zu ihr war, kam ein uralter Mann an unsere Gartentür. Er trug einen Eimer mit Holunderbeeren und fragte, ob ich sie kaufen wollte. Ich hatte in diesem Moment natürlich alles andere im Sinn als das. Da sagte er: „Mein Weg war so weit, und ich bin so müde, ich will jetzt heimgehen." Ich gab ihm das Geld, das er verlangte, stellte den Eimer achtlos in den Garten und ging zu meiner Mutter. An diesem Tag starb sie. Irgendwann, Tage später, war der Eimer durch den Wind umgeworfen worden, die Beeren verstreut. Im nächsten Frühling wuchs an dieser Stelle ein Holunderbaum. Heute ist er groß, wir pflücken seine Früchte, und ich spüre bei jeder Ernte, wie meine Mutter mir zulächelt. Ich lächle zurück und weiß, daß das Geschenk dieses Baumes von ihr kam.

Machen Sie jetzt aus Ihrem Garten einen Garten Eden, so wie Sie ihn schon immer erträumt haben!

Entfalten Sie Ihre gärtnerische Kreativität!

- Gestalten Sie Ihren Garten zu einem erweiterten Wohnraum, einer kleinen Gemüse- oder Obstplantage, einem Kräuterreservoir. Sie haben noch viel mehr Möglichkeiten als in Ihrem Haus, denn Sie können jeden Herbst, jedes Frühjahr einen neuen Stil prägen! Ob es die duftende Wildnis ist oder Klein-Schönbrunn mit gepflanzten Blumenbildern, wenn Sie zum Beispiel im September, Oktober, Tulpenzwiebeln einer bestimmten Farbschattierung setzen, hat Ihr Garten jedes Frühjahr ein vollkommen anderes Gesicht: rosa, gelb oder weiß. Pflanzen Sie Ihre Frühlings- oder Sommerblumen, Ihre blühenden Sträucher nach Fahrplan, so daß alle paar Wochen eine andere Sorte in Blüte steht.

Bei den meisten Gartenbesitzern, die voll im Beruf stehen, Familie und Kindererziehung managen müssen, läuft der Garten irgendwie so nebenbei mit. Die anfallenden Arbeiten werden zwar getan, das Hauptgewicht aber liegt darauf, daß er praktisch sein soll. Für gärtnerische Kreativität fehlt einfach an den paar Stunden am Wochenende die Zeit. Jetzt haben wir sie – und wir können nach Herzenslust experimentieren:

- Wir können ein mediterranes Eck anlegen, mit südlichen Pflanzen und Kräutern, die auch bei uns gedeihen. Die nicht winterharten Pflanzen in Kübel und Tontöpfe setzen, die, in der kühlen Jahreszeit ins Haus geholt, aus jedem Wohnzimmer einen herrlichen Wintergarten machen.

- Wir können einen Bauerngarten gestalten, so wie wir ihn aus dem Urlaub auf dem Land kennen, mit Dorfpflanzen, die längst aus dem Bild der städtischen Gärten verschwunden sind: Königskerze, Wilde Malve oder die leuchtenden Wollkopfkratzdisteln. (Kontaktadresse für Dorfpflanzen im Anhang des Buches.) Für unsere Phantasie im grünen Zimmer vor unserer Tür gibt es keine Grenzen – entsprechende Literatur mit Anleitungen gibt es zahlreich in den Buchhandlungen.
- Legen Sie ein Biotop an! Ein Wasserbecken oder ein Teich hat auch im kleinsten Garten Platz und bringt ihn zu einer ganz neuen Dimension. Der Himmel spiegelt sich darin, Vögel benutzen ihn als Bad oder Tränke, und Wasserpflanzen rund um den oder im Teich lassen zusammen mit den Libellen und Fröschen, die plötzlich auftauchen werden, ein ganz neues Lebensgefühl entstehen. Planen Sie die Wasseroase an der sonnigsten Stelle des Gartens – nur wenn das Wasser genügend erwärmt ist und die Pflanzen Licht bekommen, entwickeln sie sich zu voller Pracht. Es gibt eine Faustregel: Ein Wasserbecken mit einer Oberfläche von zehn Quadratmetern sollte einen Meter Tiefe haben. Dann können darin sogar Fische schwimmen. Wollen Sie sich an Seerosen erfreuen, bedenken Sie, daß eine einzige, um sich gut zu ent-

wickeln, rund eineinhalb Meter Wasseroberfläche braucht.

Erinnern Sie sich noch an Pflanzen, Obst- oder Gemüsesorten Ihrer Kindheit? So viele von ihnen sind verschwunden, das Einheitsmarketing der großen Firmen hat ihren Verkauf als zu unrationell abgeschrieben. Die Tomaten, die noch wie Tomaten schmeckten, die Radieschen in vielen Farben, die vielen süßen und sauren Äpfel in allen Größen sind jenen glatten, perfekt aussehenden Produkten aus dem Supermarkt gewichen, die man bestenfalls als Dekorationsstücke, ähnlich den Wachsfrüchten, in einer Schale auf dem Eßzimmertisch ausstellen, aber sicher nicht mit Genuß verspeisen kann.

Der Zauber des Schloßgartens von Schiltern

In Österreich, in Schloß Schiltern im Waldviertel, ist ein Verein entstanden, der es sich zur Aufgabe gemacht hat, das Kulturgut der alten Pflanzen und Samen zu retten. Passenderweise nennt er sich „Arche Noah“.

Für Hobby-, aber auch für Erwerbsgärtner und Landwirte sind die Schauräume des Schloßgartens zum Mekka geworden, und der Katalog, der jährlich mit einem Riesenangebot an Samen herauskommt, die Bibel. Einmal im Jahr, am 1. Mai, findet in Schiltern ein Pflanzentausch- und Verkaufsmarkt statt. Einige tausend Besucher strömen herbei, tauschen, kaufen und finden in Fachgesprächen mit Gleichgesinnten unzählige Anregungen. Aber auch während des Jahres ist der Schaugarten an Samstagen geöffnet, Führungen werden veran-

staltet, und Jungpflanzen können erworben werden. Allein an Bohnen werden über hundert (!) verschiedene Sorten angeboten. Mehr als dreißig verschiedene Paprikasorten, an die hundertfünfzig verschiedene Tomatenarten, Gartenblumen, wie man sie nur mehr von alten Bildern kennt, Gräser, Wildkräuter und Heilpflanzen in unglaublicher Menge, Sumpf- und Wasserpflanzen und Obstarten in einer Vielfalt, wie man sie nur erträumen kann.
Im Barockgarten in Schiltern werden auch Raritäten wie blaue Erdäpfel oder schwarze Paradeiser verkauft. Alle Pflanzen werden dort angebaut, um davon Saatgut zu gewinnen. Nur so können die Sorten erhalten und weitergegeben werden. (Adresse im Anhang.)

Tips für den Balkongärtner

Selbstverständlich gibt es ebenso Zimmerpflanzen bei der Arche Noah – denn auch ohne Garten können Sie zum Hobbygärtner werden! Auf dem Balkon gezogen, machen Blumen und Kräuter im Frühling und Sommer aus dem kleinsten Platz die italienische Riviera, im Winter auf dem Fensterbrett entsteht ein Wintergarten ohne großen Aufwand.

- Versuchen Sie es einmal mit einem Ananassalbei, einer Kübelpflanze, die im Herbst scharlachrot blüht, herrlich duftet und aus deren Blättern man einen viel wirkungsvolleren Salbeitee machen kann als aus den staubig-bröseligen Produkten aus der Packung. Pflanzen Sie eine Duft-Pfefferminz-Geranie, eine Duftpelargonie oder einen Paradiesvogel mit gelben Kronblüten und rosa Staubgefäßen.

Egal, was immer Sie säen, gießen, hegen und pflegen – Sie schaffen damit etwas Lebendiges, dem Sie beim Wachsen zusehen können, etwas, für das Sie Verantwortung tragen, weil Sie an seiner Entstehung beteiligt sind!

Ich habe eine abergläubische Freundin, die es nie versäumt, im Herbst Blumenzwiebeln zu setzen, weil sie davon überzeugt ist, daß ihr dann im Winter nichts passiert. „Was man gesät hat, wird man auch ernten", sagt sie und wartet gelassen, alle größeren und kleineren Wehwehchen ignorierend, auf den Frühling, bis ihre ersten Hyazinthen und Narzissen erblühen.

Wie wär's mit einem Hund als Partner?

Eine ähnliche Lebensversicherung sind Tiere. Oder ersetzen wir das nüchterne Wort „Versicherung" durch Lebensqualität, durch Lebensfreude – und Gesundheitsvorsorge.
Ich kenne eine ganze Menge Ärzte – und es sind meist die vernünftigsten ihres Gewerbes –, die übergewichtigen, unter Bewegungsmangel und Kreislaufproblemen leidenden Patienten den Rat geben: „Schaffen Sie sich einen Hund an, und gehen Sie täglich mit ihm spazieren."

Natürlich könnte man auch die vom Arzt – oder der eigenen Vernunft – verordneten täglichen Kilometer allein abspulen, aber das wird schnell langweilig, und dann beginnt man sich vor sich selbst mit den verschiedensten Ausreden zu drücken. Es ist zu kalt oder zu warm, zu naß oder zu windig. Hat man aber einen Hund, dann muß man hinaus, egal, bei welchem Wetter.
Gehören Sie aber ohnehin zu den Bewegungsfreudigen, dann ist ein Hund als Begleiter überhaupt ideal. Menschliche Joggergemeinschaften halten oft nicht lang – der eine ist ehrgeizig und verlängert von Woche zu Woche die Strecke, der andere möchte in Ruhe und mit ein paar Verschnaufpausen sein Pensum erledigen. Ein Hund paßt sich Ihrem Rhythmus an, ganz abgesehen von der Tatsache, daß er speziell für allein laufende Frauen einen gewissen Schutz bedeutet!
Man sollte aber bei der Auswahl der Hunderasse darauf achten, daß man einen „Gleichgesinnten" aussucht. Ein Mops, ein Bassett oder ein Dackel sind kaum die richtigen Begleiter für flotte Läufer, dafür aber ideal für geruhsame Spaziergänger. Lauffreudige Rassen dagegen haben gemeinsam mit ihren Besitzern Spaß an Tempo und langen Strecken und sind auch im Winter auf der Loipe fröhliche Mitläufer.
Die meisten Hunde schwimmen gern, und es gibt glücklicherweise in unserer zubetonierten und mit Verboten versehenen Umwelt noch immer einige Badeparadiese, freie Gewässer, wo Hund, Herrl und Frauchen gemeinsam ihrem Schwimmvergnügen huldigen können.
Ein besonderer Spaß ist für Vierbeiner und Mensch auch

Agility, eigentlich eine Sportart für Hunde, aber ihre Besitzer müssen dabei ebenso aktiv und konzentriert sein, wenn es gilt, den Parcours zu bewältigen, den Hund über Hindernisse springen oder durch Röhren kriechen zu lassen. Die zweibeinigen Teilnehmer an solchen Kursen, die bis hin zu Weltmeisterschaften gehen, müssen dabei nämlich das Tempo ihrer vierbeinigen Champions mithalten. Und bei den Siegerehrungen solcher Konkurrenzen stehen immer stolze Golden-Age-Hundebesitzer mit ihren Lieblingen auf den Siegerpodesten! Agiltykurse können Sie jederzeit bei Ihren örtlichen Kynologenverbänden erfragen.

Nicht hoch genug zu schätzen ist der Hund auch als Gesprächspartner. Und das gilt keineswegs nur für schrullige, alleinstehende alte Tanten. Jeder Hundebesitzer wird zugeben, daß er seinen Vierbeiner ab und zu als „Kummernummer" benützt. Ein langer Spaziergang mit dem Hund am Abend, wo man den Frust des Tages abbaut, dabei, je nach Temperament, laut oder stumm seine Probleme klärt, einen Zuhörer auf vier Pfoten neben sich, ist durchaus ein Ersatz für eine psychiatrische Sitzung – mit dem Vorteil, daß sie nichts kostet und an der frischen Luft stattfindet!

> Ein Hund sorgt für körperliches und seelisches Wohlbefinden seines Besitzers und ist sicher die beste Methode, viele Zivilisationskrankheiten zu heilen oder gar nicht erst entstehen zu lassen.

Den Alltag mit einer Samtpfote teilen

Eine Studie des Psychologischen Instituts der Universität Bonn hat untersucht, wie positiv sich das Halten einer Katze auf die Lebensqualität des Menschen auswirkt, und kam zu dem interessanten Schluß, daß die enge Freundschaft mit diesem Haustier das menschliche Immunsystem stärkt und daher die Lebenserwartung verlängert! Kardiologen haben festgestellt, daß Patienten mit nervösen Herzrhythmusstörungen durch das sanfte, gleichmäßige Schnurren einer Katze beruhigt werden. Herz- und Pulsschlag pendeln sich auf ein normales Maß ein, der Mensch entspannt sich.
Für Katzenbesitzer ist das keine Neuigkeit. Jeder, der mit einer Samtpfote seinen Alltag teilt, weiß, daß alle Nervosität von einem abfällt, wenn man seinen kleinen Stubentiger streichelt. Es soll etwas mit elektromagnetischen Schwingungen zu tun haben – aber der Grund, warum ich mich wohl fühle, wenn eine meiner Katzen auf meinen Schoß springt und ich sanft über ihr Fell streichle, ist mir eigentlich egal. Physikalische oder emotionale Reaktion – ich werde ruhig und zufrieden, vergesse Ärger und Streß.

Streichelstunden in Krankenhäusern

In einigen Krankenhäusern und Seniorenheimen hat man mit einem Experiment begonnen, das wegen des großen Erfolges längst zu einer ständigen Einrichtung geworden ist: Ein paarmal in der Woche kommen frei-

willige Helfer – Tierbesitzer mit ihren Haustieren –, und es gibt Streichelstunden. Übrigens wurde in mehreren Untersuchungen an Krankenhäusern über die Verweildauer der Patienten festgestellt, daß Menschen, die ein Haustier zu Hause haben – und wenn es durch Nachbarn oder Verwandte noch so gut betreut wird –, wesentlich kürzer im Krankenhaus bleiben als diejenigen, auf die kein Vierbeiner oder auch nur ein Wellensittich daheim wartet.
Natürlich soll die Haltung eines Haustieres jetzt hier nicht als Medikament propagiert werden.

Eine Beziehung zu einem Tier ist eine Liebesgeschichte – und da hat kalte Berechnung nichts zu suchen.

Für Einsame und Unglückliche ist ein Tier kein Allheilmittel, aber es kann verhindern, daß man einsam und unglücklich wird! Und die Frage, die wohl manche von uns, die mit ihrer neuen Freiheit noch nicht so vertraut sind, sich selbst am Morgen stellen: „Wozu steh' ich überhaupt auf?“ – die erledigt sich von selbst. Der Hund will Gassi, die Katze ihr Futter und der Wellensittich braucht frisches Wasser.

Erfüllen Sie sich den Wunsch nach einem Haustier!

Wenn Sie schon Ihr ganzes Leben mit Tieren zusammengelebt haben, sind Sie glücklich dran und haben sicher jetzt im Golden Age auch noch ein oder mehrere Haustiere. Denn Sie können sich wahrscheinlich – so wie ich – nicht vorstellen, in der Früh nicht von einem fröhlich wedelnden Hund, von einem sanften Nasenstüber der Katze geweckt zu werden. Mußten Sie aber bisher aus beruflichen Gründen – weil Sie einfach nicht genug Zeit für einen vierbeinigen Mitbewohner hatten – darauf verzichten und wollen sich jetzt endlich den langgehegten Wunsch danach erfüllen, dann zögern Sie nicht: Machen Sie Ihren Traum wahr! Sie haben noch viele herrliche Jahre vor sich – genug Zeit, einem Tier Liebe zu schenken und sie doppelt und dreifach zurückzubekommen!

Ein paar Dinge sollten allerdings vorher geklärt werden:

- Haben Sie jemanden, der im Urlaub oder einem Krankheitsfall die Pflege Ihres Hausgenossen übernimmt? In Österreich gibt es jetzt eine Tierversicherung, die bei Krankheitsfall des Besitzers diese Pflichten übernimmt, es gibt Haustierdienste, die, wenn Sie auf Reisen sind, nicht nur Ihren Liebling betreuen, sondern auch Ihre Wohnung, und es gibt in vielen Orten Katzensitter-Clubs, bei deren Mitgliedern die Hilfe auf Gegenseitigkeit funktioniert.
- Wenn Sie die Erfüllung Ihres Wunsches mit einer guten Tat kombinieren wollen, dann holen Sie sich Ihren zukünftigen Wohnungsgenossen aus einem der zahlreichen Tierheime. Man wird Sie dort nicht nur freudig begrüßen, sondern auch gezielt bei der Wahl des für Sie richtigen Hausgenossen beraten.

Und sollte Ihr Traumpartner eine Katze sein – überlegen Sie, ob Sie Ihren Traum nicht gleich doppelt erfüllen wollen. Zwei Katzen sind nicht doppelte Arbeit – nur doppeltes Glück! Sie sind miteinander beschäftigt und niemals einsam, wenn sie allein zu Hause sind.

- Sind Sie Tierfreund und jetzt erst in der Lage, sich einen Vierbeiner anzuschaffen, dann stellen Sie sich vielleicht die Frage: Hund oder Katze? Und fällt Ihnen dabei die Entscheidung schwer, weil Sie eigentlich schon immer beides haben wollten, dann nehmen Sie ruhig beides! Mit gleichmäßiger Liebe bedacht, vertragen sich nämlich Hunde und Katzen blendend miteinander! Man muß ihnen nur ein wenig Zeit geben, ihre gegensätzliche Sprache verstehen zu lernen. Wenn der Hund erst einmal kapiert hat, daß der kleine Stubentiger nicht wedelt, wenn er glücklich ist, sondern daß sein Schwanzschlagen Ärger bedeutet, wenn die Katze erst einmal weiß, daß zurückgelegte Ohren bei ihrem Hausgenossen nicht wie bei ihr Zorn, sondern ganz im Gegenteil Aufforderung zum Schmusen sind – dann klappt die tierische Freundschaft bald bestens.

In unserem Haushalt leben zwei Katzen, zwei Hunde und mehrere Vögel friedlich miteinander. Die beiden Hunde haben sich jeweils für eine der Katzendamen als Freundin entschieden, sie spielen und schlafen zusammen und demonstrieren das, was der große Konrad Lorenz den „Burgfrieden“ genannt hat.

Der wichtigste Grundsatz für das Golden Age

Für das Golden Age gilt als wichtigster Grundsatz:

- Woran immer Sie Freude haben – erfüllen Sie sich die Freude. Und zwar täglich!

Natürlich ist das bei den ganz großen Wünschen nicht möglich. Verlieren Sie die nicht aus den Augen – sie sind das Ziel. Aber wie es so richtig heißt: Der Weg ist das Ziel! Und diesen Weg kann man herrlich mit den kleinen Freuden pflastern. Es gibt keinen Tag im Leben, an dem einen nicht irgend etwas glücklich machen kann. Man muß es nur sehen und erkennen! Ob es das Lächeln eines Menschen, das Schnurren einer Katze, das Aufblühen einer Blume oder der Lieblingspudding ist – lauter kleine Puzzleteilchen, die zusammengelegt das Glück ergeben.
Es gibt ein schönes Sprichwort:

> Die Freude am Leben hört nicht auf, wenn man alt ist, man ist alt, wenn die Freude am Leben aufhört!

Und das führt uns schnurgerade zu unserem letzten Kapitel.

Sie

Natürlich liebt er Blumen und den Garten, am allerliebsten von einem hübschen sonnigen Platz aus, behaglich auf einem Liegestuhl hingestreckt!

Es ist damit ähnlich wie bei der Hausarbeit. Da muß ihm seine Mutter, als er ein kleiner Bub war, ein paarmal zu oft das Märchen von den Heinzelmännchen erzählt haben, die des Nachts, wenn alles schläft, herbeiströmen, putzen, waschen, bügeln und die Gläser auf Hochglanz polieren.

Was die Gartenarbeit betrifft, ist er überzeugt, daß der liebe Gott alles nicht nur wachsen läßt, sondern auch höchstpersönlich Unkraut jätet, Tulpenzwiebeln pflanzt und Sträucher zurückschneidet. Nur daß der Himmelvater unseren Rasen nicht mäht, weiß er. Denn dabei sieht er mir immer aufmerksam zu, um mich darauf hinzuweisen, wenn ich irgendwo ein Hälmchen übersehen habe. Zwar wird bei uns ohnehin nur drei-, viermal im Jahr der Rasenmäher in Betrieb genommen, aber für ihn ist das jedesmal ein Showereignis ersten Ranges, das er gerne von einem möglichst bequemen Plätzchen aus verfolgt.

Eine Tätigkeit allerdings liebt er: Er gießt gerne. Was heißt gießen! Er dreht den Schlauch auf volle Stärke auf und setzt den Garten unter Wasser. Wenn nicht ein anderes Familienmitglied rechtzeitig eingreifen und den Hahn zudrehen würde, wir hätten Klein-Venedig vor der Haustür und könnten uns nur mehr in Gondeln fortbewegen! Er würde auch sicher „O sole mio“ dazu singen

– denn singen kann er, und es bedeutet daher keine Anstrengung für ihn!
Aber das Schöne am Älterwerden ist, daß einen diese Dinge mit den Jahren nicht mehr erbittern, sondern nur noch amüsieren. Die Kämpfe, wer was in Haus und Garten macht, wann und warum nicht, finden in den ersten Jahren einer Beziehung statt. Man rechnet, rechtet und richtet, vergeudet unendlich viel Zeit mit Diskussionen über gerechte Arbeitsteilung für jeden, Zeit, in der man locker ein ganzes Haus samt Garten generalsaniert hätte. In Wirklichkeit sind die Weichen von der ersten Minute des Zusammenlebens an gestellt.
Bei der Pensionierung des Partners versucht man vielleicht noch eine kleine Kurskorrektur, was dem betroffenen Ehemann völlig neue Erlebnisse verschafft. Meiner nahm mit fünfundsechzig zum ersten Mal einen Staubsauger in die Hand und war fasziniert, was für Wunderdinge die Technik erfinden kann! Seitdem saugt er zwar nicht regelmäßig, aber doch mäßig Staub. Da er dieser Tätigkeit aber nur nachgehen kann, wenn er dabei fernsieht, ist die sauberste Stelle in unserem Wohnzimmer ein kleiner Kreis vor dem TV-Apparat. Außerdem muß er, um die Sendungen nicht nur zu sehen, sondern auch zu hören, den Ton auf höchste Lautstärke drehen! Was zur Folge hat, daß die restliche Familie, um Gehörschäden zu vermeiden, das Haus verläßt oder sich mit Ohrenschützern im hintersten Winkel verkriecht.
Vielleicht sollte man ihm einen Fernseher in den Garten stellen – es kann durchaus sein, daß er dann auch den Rasen mähen würde!

Er

Ich habe schon Rasen gemäht! Ein- oder zweimal sicherlich, wenn nicht gar dreimal! Aber, wie meine Frau so richtig sagte, es ist damit wie bei der Hausarbeit! Ich mache es schwungvoll, aber nicht mit der von ihr erwarteten Perfektion. Und – was die Gartenarbeit betrifft – ihrer Meinung nach nicht mit dem nötigen Feingefühl!

Aber das ist in unserem Garten auch schwierig. Sie hat jede Blume, jeden Baum, jeden Strauch selbst gesetzt. (Natürlich glaube ich nicht, daß das der liebe Gott war, wie sie behauptet – ich bin zwar katholisch, aber nicht blöd!)

Und alle diese Blumen, Bäume und Sträucher haben für sie eine besondere Bedeutung. Das kleine Zedernbäumchen kam zur Matura unserer jüngeren Tochter in die Erde, der Farn und die Pfingstrosen stammen von einem Freund der Älteren, den meine Frau sehr sympathisch fand, und den anämisch aussehenden Rosenstock hat sie aus einer Biotonne gerettet. Sie spricht mit den Pflanzen, lobt sie, wenn sie gedeihen, und stellt ihnen besorgte Fragen, wenn sie die Blätter hängen lassen. Einige von ihnen redet sie sogar mit Namen an!

Und dann mähte ich einmal – gründlich, wie es der männlichen Natur entspricht – und erwischte das Blatt eines Blumenstocks namens Florian. Fragen Sie mich nicht, warum er so heißt. Meine Frau jedenfalls stürzte herbei, als gelte es ihr Erstgeborenes zu verteidigen, und zog den Stecker des Rasenmähers heraus.

Als sie sich überzeugt hatte, daß Florian, zwar etwas

schmäler geworden, aber die Verletzung doch überleben würde, arbeitete ich weiter. Zugegeben, ich war in Schwung, übersah dabei zwei kleine Rosenstöcke und machte sie dem Erdboden gleich. Meiner Meinung nach hätten die ohnehin den Sommer nicht überstanden, so mickrig, wie sie aussahen. Als ich dann noch bei einer eleganten Kehrtwendung ihren alten Fuchsienstock, den sie zu unserer Hochzeit bekommen hatte, rammte und die Zitronenmelisse, die ich für Unkraut hielt, in kleine Stücke zerschnippelte, war mein letzter Tag als Gartengehilfe gekommen!

Für lange Zeit ließ sie mich nicht mehr an den Rasenmäher heran. Als sie dann, ungefähr zwei Jahre später, wieder einmal nachfragte, was ich denn von Arbeitsteilung hielte, und auf das hohe Gras zeigte, lehnte ich energisch ab!

Selbstverständlich nicht aus Faulheit, nur aus Rücksicht auf ihre Nerven! Und ich erinnerte sie an Florian und die Rosenstöcke und die Tränen in ihren Augen.

Ich bin, wie die meisten Männer, sensibel und kann keine Frau weinen sehen. Da ist es mir noch lieber, ich sehe sie arbeiten! Und das tue ich seitdem. Ich liege auf einem bequemen Liegestuhl und sehe zu, wie sie um mich herum mäht und um all ihre anderen Lieblinge – die Florians, die Josefs, die Michaels, und wie immer sie heißen!

Ich bin dann immer sehr gerührt über ihren Fleiß, und es macht mich wirklich glücklich zu sehen, wie sie bei ihrer Gartenarbeit Erfüllung findet!

Positiv denken

Haben wir das vorige Kapitel mit einem Sprichwort beendet, so beginnen wir das neue gleich auch mit einem: „Es gibt nichts Gutes, außer man tut es!“ Wandeln wir das ein wenig auf unsere Lebenssituation ab:

> Erwarten wir nicht, daß andere uns Gutes tun, tun wir es uns selbst!

Und wir können uns selbst nichts Besseres tun, als positiv zu denken. Sagen Sie nicht: „Das würde ich ja gern tun, wenn es die Umstände erlauben würden!“ Die Umwelt, die Menschen und der Alltag können es einem manchmal wahrhaftig verdammt schwermachen, ein Optimist zu bleiben. Aber was und vor allem wie wir darüber denken, das ist allein unsere Entscheidung! Es gibt dazu die Frage: Was unterscheidet einen Pessimisten von einem Optimisten? Der Pessimist sagt beim Anblick eines zur Hälfte gefüllten Glases: „Es ist halb leer!“, der Optimist dagegen: „Es ist halb voll!“ So simpel das klingt, ist es doch das Geheimnis einer fröhlichen Weltsicht!

Das Geheimnis einer fröhlichen Weltsicht

Es regnet draußen? Herrlich! Für Gras und Bäume gibt

es nichts Besseres, und das Autowaschen erspart man sich damit auch!
Es ist zu kühl für die Jahreszeit? Wunderbar! Das tut dem Kreislauf gut, und man kriegt keine Schweißflekken auf dem T-Shirt!
Die Kinder haben das gemeinsame Abendessen sausenlassen, weil sie Besseres vorhaben? Was gibt es Angenehmeres als einen plötzlich geschenkten freien Abend? Kino, ein Restaurantbesuch oder sich einfach auf die Couch hinlümmeln und in Ruhe einen Fernsehfilm anschauen – die ganze Welt steht uns offen!
Selbst Trennungen kann man von diesem Gesichtspunkt aus sehen. Als neulich eine Freundin eine langjährige Partnerschaft beendete, wollten wir sie alle trösten. Aber sie war voll Vorfreude auf ihr künftiges Single-Dasein: „Endlich kann ich wieder ins Theater gehen – er wollte ja nie. Endlich wieder stundenlang mit dem Hund spazierengehen – das war ihm immer zu langweilig! Und kochen, was mir schmeckt, und schlafen gehen, wann ich will!“
Man kann jedes Ding, jede Situation von zwei Seiten betrachten. Nehmen wir uns vor, immer die bessere zu wählen!
Das sollte uns nicht schwerfallen, denn wir sind schließlich die selbstbewußte Generation, die mit zwanzig sagte: „Trau keinem über dreißig“, dann, ein paar Jahre später, „Das Leben beginnt mit vierzig“, und heute wissen wir, daß Udo Jürgens recht hatte, wenn er sang: „Mit sechsundsechzig Jahren fängt das Leben an.“ Wir sind also die Generation, deren jeweiliges Alter immer das beste war!

Wer anderer als wir sollte also die Kraft des positiven Denkens beherrschen?

Unrealistische Wunschvorstellungen

Da wir aber Realisten sind, sollten wir zwischen positivem Denken und unrealistischen Wunschvorstellungen klar unterscheiden.

Was ist unrealistisch? Ein paar Beispiele:

- Ihr Mann/Partner hat in einer jahrelangen Beziehung jede Mithilfe im Haushalt verweigert. Aus a) beruflichen Gründen (wenn er von seinem Job heimkam, war er einfach total erledigt; daß Frauen nach einem Arbeitstag ebenso geschafft waren, überschritt die Grenzen seines Vorstellungsvermögens), aus b) rein körperlichen Gründen (er hatte einfach, was Hausarbeit betraf, mindestens zwei linke Hände). Unrealistisch ist es nun, nach seiner Pensionierung, zu erwarten, daß er in der vielen freien Zeit, die er nun hat, plötzlich zum Hausmütterchen wird, den Staubsauger virtuos handhabt und sogar hinter die höchst komplexen Geheimnisse kommt, wie man eine Geschirrspülmaschine einräumt. Und warum sollte sie, die stets hinter jedem Staubkörnchen, voll bewaffnet mit Tuch und Mop und Spray, als gelte es einen Angriff von Außeriridischen abzuwehren, her war, nun damit aufhören, nur weil sie über fünfzig ist?
- Unrealistisch und selbst durch stärkstes positives Denken nicht zu beeinflussen ist der Glaube, daß ein Mensch – egal, ob Mann oder Frau – sich im Alter

ändert. Wer immer ein Nörgler war, bleibt es. Wer immer ein Pedant war, für den Teppichfransen militärisch ausgerichtet in Reih und Glied liegen mußten, bleibt es. Tatsache ist, daß sich gute ebenso wie schlechte Eigenschaften im Alter nicht ins Gegenteil verkehren, sondern verstärken. Das ist Realität, und damit müssen wir umgehen lernen. Das ist nicht schwer, denn schließlich hatten wir die Gelegenheit, uns jahrelang an unseren Partner und seine Eigenschaften zu gewöhnen. Wenn wir zusammengeblieben sind, weil die Liebe stärker war als beidseitige Fehler, haben wir gelernt, über das, was uns stört, hinwegzusehen. Bleiben wir dabei!

Renovieren kann man alte Bauwerke, Charaktereigenschaften von Menschen kaum.

Und es würde uns die schönsten Jahre unseres Lebens, das Golden Age, gründlich vermiesen, wenn wir es versuchen würden. Das ist nicht Resignation, das ist Vernunft. Genau diese Vernunft, die wir als junge Leute nicht hatten, als wir alle noch Anfänger und Lehrlinge in bezug auf Partnerschaften waren. Dachten wir da nicht: „Das werde ich ihr/ihm schon abgewöhnen?“ Und? Was ist davon gelungen? Höchstens Detailerfolge – vielleicht hat sie zu rauchen aufgehört und er damit, die Sonntagsbeilage der Zeitung im Wohnzimmer auf dem Boden zu verteilen.

- Akzeptieren wir also unsere Partner, wenn wir die

Absicht haben, weiter mit ihnen zu leben, so, wie sie sind. Mit allen guten und schlechten Eigenschaften.

Kämpfen wir um unsere Rechte!

Was wir aber niemals geduldig akzeptieren sollten, sind die vielen anderen Dinge, von denen unsere Gesellschaft und Umwelt leichtfertig annimmt, daß die Älteren dazu nichts mehr zu sagen haben. Wann immer es sich zu kämpfen lohnt, kämpfen wir!

> Wir sind nicht älter geworden, um zu schweigen, sondern um zu reden!

Obwohl die Menschheit immer älter wird, ist die Welt noch keineswegs ideal für die Älteren. Manchmal hat man den Eindruck, unsere Zeit befände sich noch immer im Mittelalter, wo man damit rechnen konnte, daß die Leute mit vierzig Jahren bereits tot waren, sich also niemand darüber Gedanken machen mußte, welchen Platz ein Fünfzig-, Sechzig- oder Siebzigjähriger in der Gesellschaft haben könnte.
Soziologen erklären das damit, daß die Alten, genauso wie die Kinder, keine Lobby haben. Wobei die Kinder uns gegenüber noch im Vorteil sind: Sie haben Eltern, die sie beschützen. Wir müssen uns selbst schützen und unsere Rechte wahren.
Und daran sollte uns nichts hindern.

Älter werden heißt weiser werden – aber nicht sanfter!

Also, auf in den Kampf, wann immer man uns benachteiligt, ignoriert oder Unrecht tut!
Das beginnt schon bei den kleinsten Dingen des Alltags – zum Beispiel beim Fernsehen. Da sind angeblich Fernsehzuschauer ab neunundvierzig Jahren uninteressant, weil sie keine Werbekunden mehr darstellen. Soziologen und Werbestrategen haben das längst widerlegt! Auch hat die Generation über fünfzig einen Anspruch auf Information und Unterhaltung.
Das Haushaltsnetto-Einkommen des Golden Age ist zum Teil weit höher als das der jungen Generation. Unsere Altersgruppe verfügt nicht nur über mehr Geld als je zuvor, sondern auch über mehr Zeit, dieses zu verwenden. Natürlich sind wir kritische Konsumenten, die nur durch Zweckmäßigkeit und Qualität eines Produktes zu überzeugen sind, aber dann wird in der Regel eine teurere Ware gekauft als von der jüngeren Generation. Wir sparen nicht mehr nur für unsere Erben, wir gönnen uns selbst etwas!
Die amerikanischen Werbestrategen und TV-Macher haben das längst entdeckt. Es gibt in den USA einen eigenen Kabelkanal für über Fünfzigjährige, der prächtig von der Werbung lebt!
Vielleicht entdecken unsere heimischen Fernsehleute diesen Trend auch einmal. Bis dahin bleibt uns Älteren nur der Protest dagegen, daß es hierzulande zu wenig

attraktive Sendungen für ältere Leute gibt. Wir sind das Publikum, von dem sie in den letzten Jahren gelebt haben und von dem sie auch in Zukunft leben werden.

Sechzig Jahre und kein bißchen leise

Überhaupt gilt – je nach heimatlicher Diktion –: Stänkern wir, motzen wir, nölen wir rum! Wandeln wir den Song von Curd Jürgens „Sechzig Jahre und kein bißchen weise" für uns ab: „Sechzig Jahre und kein bißchen leise!" Wir haben nicht unser Leben lang gearbeitet, mit unseren Steuern den Staat aufgebaut, um jetzt still auf dem Ofenbänkchen zu sitzen, ignoriert oder diskriminiert zu werden!

Und lassen wir uns keine Angst machen! Von niemandem, vor nichts und vor niemandem! Es gibt zwei Gruppen in unserer Gesellschaft, die ungestraft in Schrecken versetzt werden dürfen, ohne daß sich die restliche Bevölkerung sonderlich darum kümmert: Das sind die Kinder, für die auch heute noch in vielen Familien und Institutionen – und dazu gehört durchaus die Schule – das Motto gilt: Erziehung durch Angst. Und es ist die ältere Generation.

Bei Behörden und Ämtern neigt das Personal noch immer dazu, uns als Bittsteller zu behandeln, denen man von oben herab und höchstens gnadenhalber etwas genehmigt. Denken Sie nur an die Krankenkassen: Kuraufenthalte für Pensionisten – also für Menschen, die fünfunddreißig und vierzig Jahre lang Beiträge gezahlt haben – werden höchst ungern bewilligt. Hat der Antragsteller noch nie eine Kur in Anspruch genommen, wird er gefragt: „Warum auf einmal jetzt?“ Kuren sind, so wird ihm mitgeteilt, in einer Zeit, wo der Staat sparen muß, für Leute da, die jung sind und deren Arbeitskraft erhalten werden muß.

Setzen Sie sich zur Wehr!

Nehmen wir solche Dinge nicht schweigend hin. Schreiben wir Leserbriefe an die Zeitungen, protestieren wir bei Politikern, oder gründen wir endlich unsere eigene Partei: die Partei der Beweglichen!

Wehren wir uns! Wehren wir uns auch gegen Dinge, die uns den Alltag unnötig erschweren! Nehmen wir als Beispiel den Einkauf im Supermarkt. Es ist vorgeschrieben, daß Ablaufdaten, Herkunft und Inhaltsstoffe der Produkte deutlich lesbar auf den Packungen aufgedruckt sein müssen. In vielen Fällen gilt dieses „deutlich lesbar“ für Falkenaugen – wobei Falken klugerweise in keinem Supermarkt einkaufen. Jeder andere, speziell reiferen Jahrgangs, benötigt bei vielen Waren eine Lupe, um zu wissen, wann sie verdirbt. Wobei auch diese Sehhilfe nichts hilft, wenn das Preisschild genau über dem Ablaufdatum klebt!

Dinge des täglichen Gebrauchs sind in vielen Fällen so hoch oder so tief unten plaziert, daß man sie nur durch elastische Kniebeugen oder olympiareife Hochsprünge erreichen kann. Und noch immer werden von vielen Produkten keine Singlegrößen in Seniorenmenge, sondern nur Familienpackungen zu günstigen Preisen ange-

boten. Wer allein lebt, muß oft Mengen kaufen, von denen die Hälfte verdirbt – es sei denn, man ladet die gesamte Nachbarschaft zum Essen ein.
Seufzend zu sagen: „So ist das eben!“, reicht nicht! Ist die Butter, die Milch, die Packung Zucker in dem Regal hoch über Ihrer Armlänge untergebracht, holen Sie den Filialleiter und sehen Sie ihm erheitert zu, wie er die Ware in Känguruhsprüngen für Sie herunterangelt.
Bitten Sie ihn, Ihnen das überklebte Ablaufdatum vorzulesen. Schreiben Sie an die Firmen, die Würstchen nur in Großpackungen anbieten. Seien Sie keine resignierten Dulder, seien Sie lästig!
Ihr Protest kann etwas ändern! Wenn auch nicht sofort etwas geschieht, so haben Sie wenigstens das gute Gefühl, etwas gegen Störendes unternommen zu haben!

Ihre Stimme zählt bei der Wahl!

Was die politischen Parteien betrifft, haben wir bei den Wahlen direkte und sehr konkrete Möglichkeiten, ihnen klarzumachen, wieviel unsere Stimmen zählen. Demoskopische Untersuchungen über das Wahlverhalten der Generation über fünfzig haben ergeben, daß es sich im Vergleich zu früher geändert hat. Früher hatten die Parteien in ihnen ihre treuesten Wähler. Wer sich einmal für eine Partei entschieden hatte, der blieb normalerweise sein Leben lang dabei. Egal, ob er hundertprozentig mit ihr zufrieden war oder nicht.
„Ich habe immer so gewählt!“ oder „Das ist eben meine Partei!“ waren die Aussprüche, auf die sich Politiker bei

den Älteren gerne verlassen haben. Wechselwähler und kritische Wähler waren die junge und die mittlere Generation. Auf die war auch die ganze Politpropaganda zugeschnitten, denen machte man Wahlversprechungen en gros. Die Pensionisten wurden kurz damit abgespeist, daß man ihnen garantierte, ihre Pensionen seien gesichert. Daß keine Partei diese Garantie mehr einhalten kann, ist nicht der einzige Grund, warum es in der letzten Zeit bei allen Wahlen plötzlich auch ältere Wechselwähler gab. Wir sind einfach kritischer geworden, wir haben unsere Antennen ausgefahren und reagieren empfindlicher auf Politikeraussagen.

Als bei einer Wahl eine Kandidatin einem fünfzigjährigen Arbeitslosen auf seine Frage, was ihre Partei gegen das Problem der älteren Arbeitslosen zu unternehmen gedenke, antwortete, es müßten in erster Linie Jobs für junge Leute geschaffen werden, rutschte sie in der Wählergunst gewaltig nach unten. Sicher nicht allein wegen dieser Aussage, aber wohl, weil sie bei vielen Menschen das unangenehme Gefühl hervorrief, plötzlich die Gesellschaft in neue Klassen einzuteilen: in Junge und Alte! Und daran ist eigentlich nicht einmal die junge Generation interessiert – denn auch sie weiß, daß eines gewiß ist: Jeder wird alt!

Wie die Gesellschaft und die Umwelt für unsere Kinder aussehen werden, wenn sie das Golden Age erreichen, das liegt an uns!

Wir tragen Verantwortung!

Wir können und sollen ruhig egoistisch sein, was unsere täglichen Bedürfnisse, unseren Anspruch an unser Leben heute betrifft, aber für die Welt, die wir hinterlassen, tragen wir Verantwortung!

Eine der eindrucksvollsten Geschichten, was Verantwortung für die Zukunft und Zivilcourage betrifft, geschah bei dem Protest in der Hainburger Au. (Zur Erinnerung: Dort sollte in einer der letzten intakten Aulandschaften Europas ein Kraftwerk gebaut werden.) Quer durch die Bevölkerung, quer durch alle Altersschichten versammelten sich Naturschützer in der Au, schlugen, obwohl es Winter war, Zelte auf, um durch ihre Anwesenheit zu verhindern, daß die Baumaschinen vordringen konnten. Kraftwerkslobby und Baugewerkschaften schickten Busse mit Arbeitern, um die Aubesetzer zu vertreiben. Einer dieser Arbeiter erzählte später, daß er und seine Kollegen zu dem ersten Zelt kamen, bereit, seine Insassen notfalls mit Gewalt vom Gelände zu entfernen. Als sie es betraten, saß darin ein älterer Mann mit schneeweißem Haar. Ruhig und freundlich erklärte er ihnen seine Beweggründe, hier zu sitzen und auch hier zu bleiben – nicht für die paar Lebensjahre, die er noch vor sich hätte, sondern für all die Menschen, die nach ihm kämen, war er bereit, jeden Baum, jeden Tümpel, jede Vogelbrutstätte vor der Zerstörung zu bewahren. Beeindruckt und wohl auch beschämt zog diese Gruppe Bauarbeiter ab, setzte sich in ihren Bus und unternahm nichts mehr gegen die Au-Schützer. Erst später erfuhren

sie, wer da zu ihnen gesprochen hatte: Gottfried von Einem, der große österreichische Komponist!
Es wird immer wieder eine Au geben, es wird immer wieder etwas geben, für das sich unser ganzer Einsatz lohnt. Verstecken wir uns nicht hinter unserem Alter, hinter unserem wohlverdienten, angenehmen Lebensstandard!

> Wo immer Unrecht geschieht, muß es Menschen geben, die dagegen auftreten. Und für dieses Engagement gibt es kein Alterslimit!

Und das ist doch ein positiver, beglückender Gedanke! Wir sind niemals und für nichts zu alt!

Wir sind niemals zu alt!

Wir sind nicht zu alt, um uns immer wieder neu zu verlieben – in den eigenen oder in neue Partner. Vor allem aber steht: Haben wir uns selbst lieb! Denn nur wer sich selbst liebt, kann auch andere lieben! Sind wir es uns selbst wert, uns zu verwöhnen, vor allem aber auch uns selbst zu achten! Machen wir uns selbst nicht kleiner und unwichtiger, als wir sind. Wir haben in unseren Jahren schließlich etwas erreicht im Leben! Und das ist es wert, geachtet zu werden – von uns selbst zuerst, dann kommt auch die Achtung der anderen!
Wir sind nicht zu alt, unser Leben zu ändern. Denn das

einzige, wie viele Ärzte sagen, was dem entgegensteht, daß wir immer älter werden, ist unsere eigene Lebensweise. Achten wir also auf uns – auf unsere Ernährung, unsere körperliche Fitneß, unser seelisches Wohlbefinden. Und lassen wir unser Hirn und unseren Geist nicht in Pension gehen!

Wach und neugierig bleiben!

Haben wir für unsere schönsten Jahre Pläne gemacht, so lassen wir uns durch nichts davon abhalten! Auch nicht durch die Skepsis der Umwelt – es sind unsere Pläne, unsere Träume!

Freunde von uns, ihr ganzes Berufsleben lang in der Großstadt lebend, hatten sich schon immer gewünscht, nach ihrer Pensionierung aufs Land zu ziehen, irgendwo in einem kleinen Häuschen im Grünen zu leben. Als es dann soweit war, wurden sie von ihren Freunden und Verwandten mit Gegenargumenten bombardiert: „Seid ihr wahnsinnig? Was macht ihr in der Einöde, am Ende der Welt? Mit wem wollt ihr reden? Wie ins Theater, ins Kino gehen? Und was ist, wenn einer von euch plötzlich akut erkrankt? Wo ist das nächste Spital?"

Sie ließen sich nur kurz verunsichern und zögerten ihren Umzug in die stille, abgelegene Gegend um ein Jahr hinaus. Aber dann siegten die Träume und ihre Zuversicht! Wünsche gehen nur in Erfüllung, wenn man keine Angst vor ihnen hat! Und heute leben sie glücklich in ihrem kleinen Häuschen, krank ist noch keiner von ihnen geworden – ganz im Gegenteil! Seine nervöse Ga-

stritis ist verschwunden, und ihre Kopfschmerzen sind nur mehr eine vage Erinnerung an das Leben vor der Erfüllung ihres Traums!
Wach und neugierig bleiben ist die Devise für das Golden Age!

> Jeder Tag hat sein Geheimnis, das es neu zu entdekken gilt!

Die kleinen Schritte zum Glück

Gehen Sie am Abend ins Bett, und lassen Sie die Geschehnisse des Tages vor Ihrem geistigen Auge Revue passieren. Es ist immer etwas dabei – und wäre es auch nur eine Kleinigkeit –, das schön war und für das es sich gelohnt hat zu leben.

- Schalten Sie morgens, nach dem Frühstück, eine kurze Denkpause ein – ich nenne es immer die Vorfreude-Pause auf den kommenden Tag! Setzen Sie sich Ziele – nicht täglich große, die hat man ohnehin im Hinterkopf und in seinen Wünschen –, planen Sie die kleinen, alltäglichen Schritte zum Glück!
- Nehmen Sie sich vor, sich einen Tag lang über nichts zu ärgern.
- Nehmen Sie sich vor, Ihrem Körper einen Tag lang Gutes zu tun, mit richtigem Essen, mit Bewegung, mit wohltuender Pflege!
- Nehmen Sie sich vor, an diesem Tag etwas für das Training Ihres Geistes zu tun! Ein neues Buch zu

lesen oder ein altes wiederzuentdecken, ins Kino zu gehen, einen Vortrag anzuhören.

- Nehmen Sie sich vor, eine Pflanze zu kaufen und den richtigen Platz für sie in der Wohnung oder im Garten zu finden.
- Nehmen Sie sich vor, an diesem Tag die Kommunikation zu pflegen, mit dem Partner über Dinge zu sprechen, die Sie und ihn interessieren. Nehmen Sie sich vor, zuzuhören. So wie Hunger mit dem Essen kommt, kommt Verständnis mit Interesse! Rufen Sie alte Freunde an – Ihr Telefonbuch ist voll von Nummern, die Sie schon lange nicht gewählt haben. Nehmen Sie in Kauf, Krankengeschichten oder Klagen über die Familie zu hören – jedes Gespräch ist besser als Schweigen!
- Leben Sie jeden Tag so – nein, nicht als ob es der letzte wäre – sondern so, als ob Sie noch eine kleine Ewigkeit vor sich hätten, die es zu planen und zu gestalten lohnt!

Niemand hat dazu etwas Schöneres gesagt als Martin Luther:

> „Wenn ich wüßte, daß morgen die Welt untergeht, würde ich heute noch ein Apfelbäumchen pflanzen!"

- Hüten Sie sich vor irrationalen Zukunftsängsten! Angst macht schwach und lähmt alle Antriebskräfte. Wir sollten uns nach dem klugen jüdischen Spruch richten: „Es gibt gottgewollte und menschgewollte Zores. Gegen die von Gott können wir nichts ausrichten, also kümmern wir uns um die der Menschen!"

Ob uns ein Komet auf den Kopf fällt oder kleine grüne Männchen aus dem Weltall angreifen, können wir nicht beeinflussen. Aber daß die Liebe, die Freude und der Spaß aus unserem Alltag nicht verschwinden, liegt allein in unserer Hand.

Hurra, wir werden älter! Das ist eine biologische Tatsache, die wir dankbar annehmen.

Nur, was hätte dieses Mehr an Jahren für einen Sinn, wenn wir nicht mehr daraus machen würden? Wir haben alle Voraussetzungen, diese dazugewonnene Zeit zu nützen: Wissen, Herz und Verstand! Wenn wir noch Zivilcourage, Phantasie und Humor dazunehmen, dann stehen wir jetzt nicht am Ende, nicht in der Mitte, sondern am Beginn eines ganz neuen Zeitabschnittes in unserem Leben.

Und es kann und soll der schönste sein!

Sie

Mein Mann ist der größte Optimist, den ich kenne. Positives Denken bedeutet für ihn nicht einen Entschluß, es ist ihm so natürlich wie atmen! Er sieht die Welt nicht nur rosarot, er sieht sie in allen leuchtenden Farben des Universums. Er versetzt sogar Dezimalpunkte beim Lesen von Rechnungen, wenn die Summe sein sonniges Weltbild trüben könnte.

Als wir gerade unsere erste Tochter bekommen und eine neue Wohnung bezogen hatten, also ziemlich knapp bei Kasse waren, schneite uns eine Anwaltsrechnung von 16.000 Schilling ins Haus. Stumm vor Schreck reichte ich sie ihm. Er warf nur einen kurzen Blick darauf und sagte: „Was ist daran so schlimm? 1.600 Schilling können wir uns doch noch leisten!" Ich wies ihn auf den Punkt an der richtigen Stelle und die Null dahinter hin. Keine Sekunde des Schrecks trübte sein Gemüt. „Da haben wir noch Glück!" sagte er. „Es hätten ja genausogut 160.000 Schilling sein können!"

„Da haben wir noch Glück" ist die Maxime seines Lebens. Wenn er mit dem Auto in einen Teich stürzt und durch die Windschutzscheibe herausschwimmt, ist das Glück. Der Wagen hätte schließlich auch Feuer fangen können, und das wäre wesentlich unangenehmer gewesen!

Wenn ein Flug ausfällt, wir dadurch den Anschluß nach Hause verpassen, während unser Gepäck falsch verladen und auf dem Weg nach Singapur ist, haben wir Glück! Hätten wir sonst jemals die tolle Pizza kennengelernt, die sie auf diesem amerikanischen Flughafen ser-

vieren? Grün und knallrot und nach Klebstoff schmekkend?
Als wir uns kennenlernten, arbeitete ich gerade als Regieassistentin bei dem berühmten Geza von Radvany, einem sehr weisen, erfahrenen Menschenkenner. Ich stellte ihm meinen Zukünftigen vor, und er sagte: „Ich schenke dir ein Rezept für eine glückliche Ehe: Nimm deinem Mann niemals die Freude an dem nächsten Eis!“
Das nächste Eis ist für ihn jeder nächste Tag, der noch spannender wird als der vorige. Es ist für ihn jede neue Begegnung mit Menschen, denn er findet auch die langweiligsten interessant. Es ist alles Neue, das er erlebt, und wenn etwas unangenehm verläuft, so hat er eine ganz eigene Floskel dafür.
Er kommt nicht etwa heim und sagt: „Das war ärgerlich.“ Nein, er sagt: „Du wirst nicht glauben, was mir Aufregendes passiert ist!“
An der Seite eines solchen Mannes kann man entweder nur ständig ausflippen, weil die Welt nun einmal kein sonniger Kinderspielplatz mit vielen Eisbuden ist, oder man wählt die andere Möglichkeit und wird auch Optimist! Dafür habe ich mich entschieden – auch wenn ich mir in meinem Inneren ein Reservat an Realismus vorbehalten habe. Aber ich habe entdeckt, daß positive Gedanken nicht mehr Anstrengung erfordern als negative und daß sie mehr Spaß und einem das Leben leichter machen! Es ist damit genauso wie mit dem Lächeln: Man braucht dafür weniger Muskeln als für das Stirnrunzeln. Und die Falten, die man durch Lächeln bekommt, sind eindeutig hübscher!

Er

Es freut mich natürlich und schmeichelt meinem männlichen Stolz, wenn meine Frau mir zugesteht, sie zu einem Optimisten gemacht zu haben! Aber ich glaube, sie übertreibt! Sie muß schon immer einer gewesen sein, hätte sie sich sonst in das Abenteuer einer Partnerschaft, ausgerechnet mit mir, gestürzt?
Eine Art des positiven Denkens hat sie allerdings schon immer gepflegt: Daß man sich für alles engagieren muß, was einem unrecht erscheint. Da wirft sie sich mit Vehemenz in jede Schlacht, scheut keine Auseinandersetzung und kein Scharmützel. Ich liebe Hunde, und daher werden Sie mir diesen Vergleich verzeihen: Sie erinnert mich immer an einen dieser rauflustigen Vierbeiner, die sich mit Vergnügen in jede Straßenschlacht stürzen und dann zufrieden wedelnd den Heimweg antreten.
Sieht sie, wie neulich bei einem Spaziergang, einen Sonntagsfischer, der mit seinem Haken eine Ente trifft, kann sie eine Schimpfkanonade loslassen, mit Wörtern, von denen ich nie geahnt hätte, daß eine Dame sie kennt! Und dann muß ich sie noch zurückhalten, damit sie den Mann nicht ins Wasser wirft.
Sie holte mich im Krankenhaus aus dem Bett und brachte mich, ungerührt vom Gezeter des Primararztes, in eine andere Abteilung, weil sie fand, die Behandlung sei falsch (wie sich herausstellte,war sie das auch, auf der neuen Station war ich binnen zwei Tagen gesund), und litt eine unserer Töchter einmal unter einem ungerechten Lehrer, war Mutter Courage sofort zur Stelle.

Auf den Einwand: „Das hat doch keinen Sinn!" reagiert sie sauer. Ich habe eine Art Arnold Schwarzenegger zur Seite, der wie ein Tank gegen alles Böse kämpft, nur glücklicherweise in weiblicher Form!
So beredt sie ist – das Wort Resignation kennt sie nicht! Es ist ja auch ein unnützes Wort! Streichen wir es doch alle, die wir jetzt älter sind und vor einem Lebensabschnitt stehen, der uns gehört und den wir genießen wollen, aus unserem Sprachschatz!
Sie mögen vielleicht einwenden, daß es nicht leicht ist, alt zu sein. Aber erinnern Sie sich doch: War es leicht, jung zu sein? Na eben! Und im Gegensatz zu damals haben wir jetzt die Erfahrung, wie man mit sich selbst und anderen umgeht.
Freuen wir uns also auf unsere schönsten Jahre und nehmen uns so ganz nebenbei ein paar Kleinigkeiten vor:

Lust statt Frust!
Lachen als Medizin!
Leben heißt lieben!

Unter uns gesagt: Ich wollte dieses Buch nie schreiben! Schon gar nicht mit meiner Frau. Sie hat ja immer das erste und letzte Wort.
Ich sage es nur ungern: Schon das erste Kapitel fängt mit einem falschen Titel an:
„Hurra, wir werden älter!" Das ist eine medizinische Aussage, hat aber nicht das geringste mit dem zu tun, was ich sagen wollte: „Hurra, wir werden jünger!"

Sie

Das hätte mir gerade noch gefehlt! Mühsam habe ich ihn aus dem jugendlichen Trotzalter herausgeholt, einen einigermaßen erwachsenen Menschen aus ihm gemacht. Nein! Aus. Schluß und

ENDE!

Buchtips und Adressen, die weiterhelfen

Hurra, wir werden älter!

Ortner, Gerlinde. Bescheidenheit ist keine Zier. Verlag Orac. Klinische Psychologin, Psychotherapeutin, Supervisorin, 1190 Wien, Raimund-Zoder-Gasse 12/6

Wiederkehr, Katrin: Wer losläßt, hat die Hände frei. Ein Buch für Frauen, die noch viel vorhaben. Scherz Verlag

Trixner, Annemarie: Sei glücklich – Du schaffst es! Gib Deinem Leben neuen Schwung. Herbig Verlag

„Rent a Rentner" – Junge Wirtschaft sucht Senior-Manager. Internet: http://www.wk.or.at/Jungwirt/. Anmeldeformulare können über das Büro der Jungen Wirtschaft (Tel. 01/501 05/3225, Karin Peck) bezogen werden. Die Aufnahme in die „Rent a Rentner-Kartei" kann auch direkt über das Internet unter http://www.jw-boerse.at. erfolgen. Eintragungen und Teilnahme an „Rent a Rentner" sind anonym.

Liebe, Lust – und Spaß daran

Herr, Bruno: Liebe bis in den späten Herbst. Partnerschaft und Sexualität im Alter. Verlag Ennsthaler

Bösenkopf, Brigitte: Lust am Flirten. Das Spiel mit dem Augenblick. Verlag Ueberreuter

Einige Tips, wie Sie sich schöner und wohler fühlen können

Aucoin, Kevyn: All about Make-up. Deutsche Ausgabe: Journal International Verlag

Fischer-Rizzi, Susanne: Himmlische Düfte. Aromatherapie. Verlag Hugendubel

Werner, Monika: Ätherische Öle. Verlag Gräfe und Unzer

VersaPulse Laser-Behandlung im Laser Center, Tagesklinik für Ästhetische Medizin, Privatklinik Döbling, 1190 Wien, Heiligenstädter Straße 63

Was unserem Körper guttut: Gesunde Ernährung

Mességué, Maurice: Das Mességué-Heilkräuter-Lexikon. Moewig Verlag

Mességué, Maurice: Die Natur hat immer recht. Verlag Ullstein

Mességué, Didier: Die Kräuter meines Vaters. Heyne Verlag

Beckmann, Dieter und Barbara: Alraun, Beifuß und andere Hexenkräuter. Alltagswissen vergangener Zeiten. Campus Verlag

Böhmig, Ulf: Naturheilpraxis für zu Hause. Verlag Orac

Böhmig, Ulf: Heilmittel Ernährung. Verlag Orac
Worm, Nicolai: Täglich Wein. Verlag Hallwag

Mag. Claudia Horacek, Ernährungswissenschaften und Ernährungsconsulting. 1020 Wien, Taborstraße 57/21

Auf Reisen im „Golden Age"

Kirner, Georg: Menschen von der Zeit vergessen.
Kirner, Georg: Sie ziehen mit dem Wind.
Seine Bücher – mit persönlichem Autogramm – sind unter der Adresse D-85598 Baldham, Eichhörnchenweg 22, erhältlich.

Univ.-Prof. Dr. Herwig Kollaritsch, Institut für Spezifische Prophylaxe und Tropenmedizin der Universität Wien. Kinderspitalgasse 15, A-1095 Wien. e-mail: herwig kollaritsch@univie.ac.at

Wilhelm Schasching, Präsident d. Österreichischen Luftfahrtverbandes. Auskünfte über Seminare gegen Flugangst: Airport Wien Schwechat, PO Box 12, A-1300 Vienna-Airport

Wellness und Sport

Bachmann, Robert: Rheumaschmerzen natürlich behandeln. Verlag Gräfe und Unzer
Böhmig, Ulf: Husten, Schnupfen, Heiserkeit. Verlag Orac

Böhmig, Ulf: Kopfschmerz und Migräne. Verlag Orac
Exel, Wolfgang; Dungl, Willi: Schmerzfrei ohne Gift. Verlag Orac

Claudia Rossmann: Tai-Chi- und Qi-Gong-Trainerin, 1170 Wien, Rudolf-Bärenhartgasse 17/3

Natur und Umwelt

Arche Noah, Gesellschaft zur Erhaltung der Kulturpflanzenvielfalt und deren Entwicklung, A-3552 Schloß Schiltern

Information und Bezugsquellen für Dorfpflanzen-Samen bei der Naturschutzabteilung der Niederösterreichischen Landesregierung, Tel. 0 27 42/200/52121

„Dein Tier sagt es Dir" – Geschichten und Tips zu einer glücklichen Mensch-Tier-Freundschaft, Verlag Orac

Positiv denken

Ein Buch für alle, die sich als Tierschützer engagieren wollen:
Karremann, Manfred; Schnelting, Karl: Tiere als Ware. Fischer alternativ-Verlag